A PRÁTICA
MEDIÚNICA ESPÍRITA

MANOEL PHILOMENO DE MIRANDA
Psicografia de Divaldo Pereira Franco

A PRÁTICA
MEDIÚNICA ESPÍRITA

(Organizadoras)
Marta Antunes de Oliveira de Moura e Carmen L. P. Silveira

Copyright © 2020 *by*
FEDERAÇÃO ESPÍRITA BRASILEIRA – FEB

1ª edição – 4ª impressão – 2,5 mil exemplares – 1/2024

ISBN 978-65-5570-441-9

Todos os direitos reservados. Nenhuma parte desta publicação pode ser reproduzida, armazenada ou transmitida, total ou parcialmente, por quaisquer métodos ou processos, sem autorização do detentor do *copyright*.

FEDERAÇÃO ESPÍRITA BRASILEIRA – FEB
SGAN 603 – Conjunto F – Avenida L2 Norte
70830-106 – Brasília (DF) – Brasil
www.febeditora.com.br
editorial@febnet.org.br
+55 61 2101 6161

Todo o papel empregado nesta obra possui certificação FSC® sob responsabilidade do fabricante obtido através de fontes responsáveis.
* marca registrada de Forest Stewardship Council

Pedidos de livros à FEB
Comercial
Tel.: (61) 2101 6161 – comercial@febnet.org.br

Adquirindo esta obra, você está colaborando com as ações de assistência e promoção social da FEB e com o Movimento Espírita na divulgação do Evangelho de Jesus à luz do Espiritismo.

Dados Internacionais de Catalogação na Publicação (CIP)
(Federação Espírita Brasileira – Biblioteca de Obras Raras)

M672p   Miranda, Manoel Philomeno de (Espírito)

     A prática mediúnica espírita / pelo Espírito Manoel Philomeno de Miranda; [psicografado por] Divaldo Pereira Franco; Marta Antunes de Oliveira de Moura e Carmem L. P. Silveira (organizadoras). – 1. ed. – 4. imp. – Brasília: FEB; 2024.

     192 p.; 23 cm

     Inclui referências

     ISBN 978-65-5570-441-9

     1. Reunião mediúnica – Centro espírita. 2. Mediunidade. 3. Espiritismo. I. Franco, Divaldo Pereira, 1927–. II. Moura, Marta Antunes de Oliveira de, 1946–. III. Silveira, Carmem L. P. IV. Federação Espírita Brasileira. V. Título.

CDD 133.9
CDU 133.7
CDE 30.03.04

SUMÁRIO

Apresentação e agradecimentos 7
Manoel Philomeno de Miranda: retratos de uma vida 9

PRIMEIRA PARTE
Preparação para a Reunião Mediúnica

1   CONHECIMENTO DO ESPIRITISMO E DO EVANGELHO DE JESUS 24
2   A REVELAÇÃO ESPÍRITA 30
    2.1 Características da Revelação Espírita 32
3   CONHECIMENTO ESPECÍFICO DA MEDIUNIDADE 41
    3.1 Estudo da mediunidade 42
    3.2 Conceitos de médium e de mediunidade 43
    3.3 Finalidades da mediunidade 46
    3.4 Influências espirituais 47
    3.5 A prática mediúnica espírita 51
4   INTEGRAÇÃO NA CASA ESPÍRITA E ENCAMINHAMENTO
    À REUNIÃO MEDIÚNICA 58
    4.1 A integração na Casa Espírita 58
    4.2 Encaminhamento à reunião mediúnica 59
5   O PERFIL DO TRABALHADOR DA MEDIUNIDADE 65
6   CONDIÇÕES DE ADMISSÃO AO GRUPO MEDIÚNICO: CRITÉRIOS DE
    PARTICIPAÇÃO. AUSÊNCIAS, IMPEDIMENTOS E AFASTAMENTOS 72
    6.1 Admissão ao grupo mediúnico 72
    6.2 Critérios de participação 74
    6.3 Ausências, impedimentos e afastamentos 76
7   EDUCAÇÃO DA MEDIUNIDADE 80
    7.1 O roteiro para a educação da mediunidade 80

SEGUNDA PARTE
Mecanismos da Comunicação Mediúnica

1   AFINIDADE, SINTONIA E CONCENTRAÇÃO 86
    1.1 Afinidade 86
    1.2 Sintonia 87

1.3 Concentração 90
1.4 Conceitos de afinidade, sintonia e concentração aplicados
à prática mediúnica 90
2 A AÇÃO DA MENTE E DO PERISPÍRITO NA MEDIUNIDADE 97
2.1 A mente 97
2.2 Perispírito 100
2.3 Interação mente-perispírito-corpo físico 103
3 O TRANSE MEDIÚNICO 106
3.1 Conceitos de transe 106
3.2 Interações fluídicas e perispirituais durante o transe mediúnico .. 110
3.3 Ressonância mental durante o transe mediúnico 112
3.4 Gradações do transe mediúnico 115
4 O PAPEL DOS MÉDIUNS NAS COMUNICAÇOES ESPÍRITAS 123
5 INFLUÊNCIA MORAL E DO MEIO NAS COMUNICAÇÕES MEDIÚNICAS 131
5.1 Influência moral do médium 131
5.2 Influência do meio 132

TERCEIRA PARTE
A Reunião Mediúnica Espírita

1 INTEGRANTES DA EQUIPE MEDIÚNICA: ENCARNADOS E
DESENCARNADOS 146
1.1 Os Espíritos desencarnados da reunião mediúnica 148
1.2 Os Espíritos encarnados na reunião mediúnica 156
2 NATUREZA DAS MANIFESTAÇÕES MEDIÚNICAS 166
2.1 Comunicações grosseiras 168
2.2 Comunicações frívolas 168
2.3 Comunicações sérias 169
2.4 Comunicações instrutivas 171
3 ETAPAS DA REUNIÃO MEDIÚNICA 175
3.1 Preparação inicial 175
3.2 Manifestação dos comunicantes espirituais e atendimento
aos Espíritos que sofrem e que fazem sofrer 177
3.3 Irradiação mental e prece final 183
3.4 Avaliação da reunião mediúnica e divulgaçao das
mensagens mediúnicas 184

APRESENTAÇÃO E AGRADECIMENTOS

A ideia de publicar este livro, *A prática mediúnica espírita*, nasceu após a leitura e reflexões das obras de Manoel Philomeno de Miranda, materializadas no atual plano de vida onde nos encontramos graças à abençoada mediunidade missionária de Divaldo Pereira Franco.

A despeito das lúcidas orientações transmitidas pelo Espiritismo a respeito de como realizar uma reunião mediúnica séria e instrutiva, percebemos que ainda perduram, no meio espírita, um certo grau de misticismo, um certo tom de "sobrenatural" ou de "maravilhoso" em muitas dessas reuniões, decorrentes do escasso entendimento dos princípios espíritas orientadores presentes nas obras de Allan Kardec.

A linguagem desenvolvida na obra de Philomeno de Miranda é lúcida, clara, direta, simples, sem equívocos, e é muito envolvente. Os ensinamentos e exemplos ilustrativos transmitidos são absolutamente necessários aos espíritas em geral, e à equipe de trabalhadores que atua nos grupos mediúnicos do Centro Espírita, em especial. O pensamento e as ideias que esse Espírito orientador apresenta, indicam perfeita sincronia e alinhamento com a Codificação, como destacamos em mais de uma oportunidade.

A prática mediúnica espírita é uma obra modesta, na qual procuramos destacar a excelência do trabalho que Philomeno de Miranda tem realizado no plano extrafísico, com devotamento e seriedade, no que diz respeito à mediunidade e aos processos obsessivos – esses últimos, por si só, merecem outras publicações. E, como todo trabalho no Bem, não se faz de forma isolada, mas com o auxílio de almas generosas, registramos, aqui, primeiramente, os nossos mais sinceros agradecimentos a Manoel Philomeno de Miranda e a Divaldo Pereira Franco, benfeitores amigos, pela bendita oportunidade que nos concederam de trazer a público os modestos resultados das pesquisas e reflexões relacionadas ao conteúdo das obras mediúnicas de ambos.

Agradecemos o carinho, a atenção, cuidados, vibrações amorosas e esclarecimentos que recebemos dos confrades e confreiras da Mansão do Caminho – essa formosa colônia espiritual materializada no plano físico –, quando lá estivemos hospedados por uma semana, a fim de traçar as primeiras ideias do trabalho de pesquisa.

Não poderíamos deixar de assinalar também a nossa gratidão a Edinólia Peixinho pelos interessantes e emocionantes relatos da vida e obra de Philomeno de Miranda.

MARTA ANTUNES MOURA E CARMEN L. P. SILVEIRA
Brasília (DF), 22 de maio de 2022.
(80 anos da desencarnação de Manoel Philomeno Baptista de Miranda)

MANOEL PHILOMENO DE MIRANDA: RETRATOS DE UMA VIDA

Por Edinólia Peixinho

BREVES PALAVRAS

Quando comecei a ler as atas da União Espírita Bahiana (UEB) desde sua fundação, já estava motivada para realizar, com minhas parcas possibilidades, algum projeto que se constituísse num embrião de um memorial espírita da Bahia.

Tinha em mente que o passado olvidado é escravizante. Sem história inviabiliza-se a compreensão do presente e prejudica-se a construção do futuro.

Descobri, então, que Manoel Miranda se esforçou em documentar a trajetória do Movimento Espírita baiano desde os seus primórdios com Telles de Menezes e tentou realizar um censo das instituições espíritas no Estado. Essa descoberta foi um fator relevante para ampliar meu desejo de conhecer detalhes de sua vida, em especial, sua atuação no Movimento Espírita federativo. Além disso, reconstituir a história de pioneiros do Espiritismo parece-me importante para que gerações futuras conheçam vidas inspiradoras que alimentem o seu ideal.

Nosso esboço biográfico, em função de nossa experiência na criação de histórias em *banner*, foi construído com recortes da vida, uma forma de destacar, numa síntese, fatos, ideias e vivências que nos permitem reconhecer qualidades da personalidade em foco e nos enseja refletir sobre seus exemplos.

E por não ser historiadora nem ter pretensões de memorialista profissional, faço meu o pensamento de Miranda, em situação equivalente: sem nenhuma intenção de ser escritora, pelo menos registro alguns apontamentos históricos para aqueles que nos sucederem.

MANOEL PHILOMENO BAPTISTA DE MIRANDA – NASCIMENTO E PROFISSÃO

Baiano de Jangada, município do Conde, Manoel Philomeno Baptista de Miranda nasceu no dia 14 de novembro de 1876.

Seus pais Manoel Baptista de Miranda e Umbelina Maria da Conceição mudaram-se com a família para Canavieiras (BA), onde Miranda, então com 11 anos, começou a trabalhar como auxiliar de uma casa de negócios do Sr. Alexandre Batista e, aos 18 anos, foi transferido para Salvador, acompanhando a mudança da empresa, que foi vendida à firma Silvino Marque &, ocupando o cargo de guarda-livros. Mais tarde, em 1910, já graduado como Bacharel em Comércio e Fazenda pela Escola Comercial da Bahia, fundada em 1905, atual Faculdade de Ciências Econômicas da Universidade Federal da Bahia [UFBA], tornou-se sócio da firma, permanecendo até 1914, quando dela se retirou para a Casa Alberto Magalhães &, desempenhando a mesma função de guarda-livros e também sócio da empresa, até 1924. Aos 48 anos, encerrou sua função comercial, dedicando-se às atividades particulares, sobretudo às demandas de caráter espiritual.

Importante ressaltar que o cargo inicial na União Espírita Bahiana como integrante da Comissão Fiscal, tinha afinidade com a sua formação profissional. E sua função na área contábil o exercitou no desenvolvimento de aptidões para atividades que lhe exigiam um cuidado meticuloso na organização que tão bem soube utilizá-las nos demais encargos que exerceu na Instituição.

MANOEL MIRANDA E A UNIÃO ESPÍRITA BAHIANA (UEB)

Manoel Miranda tornou-se espírita em 1915 e logo se envolveu nas atividades doutrinárias da UEB. Três anos depois, foi eleito membro da Comissão Fiscal, cuja diretoria executiva tinha como presidente, José Petitinga e, secretário, Leopoldo Machado.

Neste período, as ações da UEB aconteciam no Centro Espírita Caridade, na residência de José Petitinga; com o aumento de participantes, a instituição foi migrando para outros espaços cedidos pelos companheiros e, por fim, na quarta mudança, Manoel Miranda a acolheu em sua própria residência, onde funcionava o Grupo Fraternidade, à Rua Direita de Santo Antônio n° 40, no bairro do Barbalho.

Foi nesse local que surgiu a ideia da aquisição de um espaço definitivo para o funcionamento da UEB, aproveitando um momento de euforia decorrente da legalização da entidade como sociedade civil, já publicada no Diário Oficial, o que significava a concretização de mais uma etapa na vida da Instituição. Desde então, participou efetivamente da elaboração de planos, tanto para a procura de espaços, quanto para a captação dos recursos imprescindíveis à consecução dos objetivos. Finalmente, depois de muito esforço e envolvimento de todos os integrantes do grupo, foi adquirido um prédio localizado no Centro Histórico de Salvador, para ser a sede definitiva da UEB. Isso se constituiu uma alegria geral para todos os participantes e os levou a cuidar do prédio com afinco, amor e dedicação extrema, em consonância com suas finalidades externadas na expressão de José Petitinga em um de seus relatórios: *Esta é a casa que o Altíssimo nos deu, e que consagramos a Jesus... o templo do amor fraternal e da caridade cristã.*

Miranda foi fiel a este desiderato, afirmando, já bem doente do coração, que só deixaria de ir à União, quando realmente não mais conseguisse subir *aquelas escadas*. Figurou como um trabalhador da primeira hora, sempre solícito e pronto para servir nas demandas administrativas, doutrinárias, mediúnicas e assistenciais, bem como para cuidar dos registros históricos do Movimento Espírita do Estado. Em 1921, foi eleito 2º secretário e, em 1922, assumiu a 1ª secretaria. As atas por ele lavradas são um primor de narração e beleza ortográfica, tanto quanto outros documentos pertinentes que demonstram uma personalidade focada no detalhe, cuidadosa, zelosa e persistente nos trabalhos que desenvolveu.

MIRANDA E A BIBLIOTECA DA UEB

Grande incentivador da criação e implantação da Biblioteca Bezerra de Menezes, inaugurada em 1926, Miranda dizia alcançar seu prazer maior quando esta fosse mais intensamente visitada pelos diretores e frequentadores da UEB. Em 1939, apresentou uma proposta para aquisição dos livros da biblioteca do saudoso José Petitinga, considerada uma das melhores do gênero em Salvador, contendo livros em idiomas diversos, além do nosso, como francês, inglês, espanhol, alemão e esperanto, além de revistas devidamente encadernadas, jornais, opúsculos etc.

Estudioso, estava sempre atento ao surgimento de novas publicações, o que lhe facilitou a aquisição de uma cultura considerável, abrangendo desde assuntos que antecederam ao advento do Espiritismo, as dificuldades de aceitação da nova Doutrina no ambiente social, as discussões e litígios provocados pela religião dominante e demais adversários do Espiritismo, especificamente quanto à resistência aos fenômenos mediúnicos, até à busca aprofundada do conhecimento espírita nos estudos minuciosos das obras básicas e similares.

Graças a sua dedicação à Biblioteca, foi-lhe possível o acesso a documentos que serviram de subsídios para a formatação de um opúsculo em homenagem ao Jubileu de Prata da Instituição, contendo os primórdios do Movimento Espírita da Bahia, desde as instituições fundadas por Telles de Menezes, passando pelo lançamento de *O Echo d'Além-Túmulo*, surgimento de outros centros e periódicos subsequentes que foram surgindo no final do século XIX, em Salvador, até a criação da União Espírita Bahiana. Com esse acervo à sua disposição, escreveu a *Resenha do Espiritismo na Bahia*, salientando, em sua simplicidade, não ter nenhuma intenção de ser escritor, mas que deixaria alguns apontamentos históricos para aqueles que o sucedessem.

Miranda intencionou marcar os 25 anos da União com uma programação extensiva, e se esmerou para que essa festa estivesse à altura do idealizador da UEB, a ele oferecendo todo o resultado desses 25 anos de trabalho intenso em prol da divulgação do Espiritismo. Em todas as atividades, demonstrou sua capacidade de organizar sem exigências e de agregar seus pares respeitando as limitações de cada um, no sentido de que todos os companheiros abraçassem os objetivos propostos e se esmerassem na operacionalização das atividades previstas.

Na sua exposição, pontuou a contribuição de todos que trabalharam pela Instituição e que, naturalmente, deixaram marcas indeléveis no contexto das mais variadas funções inerentes ao grupo. Exaltou a construção vibracional de amorosidade que envolvia a quem se aproximasse da UEB, sendo seu alimento, a ternura irresistível, a mansidão sem ser piegas, o aconchego sem preconceito, a afabilidade sem jaça.

Leitor assíduo de *Reformador* (FEB) e de tantos outros órgãos de divulgação que lhe chegassem às mãos, o acesso à Biblioteca lhe foi facilitador para se assenhorear dos acontecimentos espíritas e sociais da época.

MIRANDA E A INTEGRAÇÃO DAS INSTITUIÇÕES ESPÍRITAS

Como uma visão ampla da importância do trabalho da União Espírita Bahiana com os centros espíritas, passou a cadastrá-los, mediante a colaboração de todos que foram solicitados para o fornecimento dos dados pertinentes, que ele ia passando para um livro específico, no sentido de se ter o número das instituições do Estado com seus precisos dados para troca de informações. Já vislumbrava a publicação de um opúsculo, como parte das comemorações dos 25 anos de fundação da UEB. Cadastrou alguns centros, e com que esmero! Primeiro, anotou todas as cidades da Bahia, detalhando-as quanto a extensão do Município, Distritos e rios, posição no Estado, distância da Capital, números de habitantes, produção principal etc. Embora todo o seu empenho, os resultados referentes aos impressos encaminhados ficaram a desejar, conforme relato na *Resenha do Espiritismo na Bahia*:

> Conta-se por mais de uma centena. Almejávamos dar uma relação deles; mas por deficiência de informações, ignorando nós certas circunstâncias desde que poucos nos deram solução aos impressos que lhes enviamos, resolvemos aguardar melhor oportunidade. Será de grande conveniência que os nossos confrades daqui e do interior nos mandem os nomes dos seus grupos com endereço claro para lhes enviar uma fórmula para nos ministrarem as informações precisas e assim poderem ter consigo a estatística e entrelaçarem-se as suas atividades. A união faz a força.
>
> Grupos filiados há, de que não temos notícia, nem onde se acham instalados, tendo sido devolvida nossa correspondência.
>
> Somente poderemos contemplar nesta idealização os que se dignarem corresponder ao nosso apelo. E dizia: "Não temos intenção outra a não ser a aproximação das entidades constituídas ou particulares".

Seu anseio em agregar as casas espíritas o motivou a participar em 1942, da viagem de Leopoldo Machado a algumas cidades da Bahia. Hospedou o amigo em sua residência e o acompanhou nas 24 conferências, previamente agendadas, que foram realizadas em centros espíritas de Salvador e de cidades próximas, como Feira de Santana, Cachoeira, Muritiba, Alagoinhas, Inhambupe e Caldas de Cipó.

A excursão à Bahia encerrou-se em 4 de fevereiro, seguindo Leopoldo, de trem, para outros Estados do Nordeste; e nas despedidas, na estação ferroviária da Leste, lá estava seu anfitrião, com os demais companheiros da caravana. Relata Leopoldo em seu livro *Ide e pregai*: "O Miranda, tão judiado na velhice... não faltará a nenhuma conferência!".

MANOEL MIRANDA E O ESTUDO DA MEDIUNIDADE

Desde 1918, foi elaborado um projeto sobre a criação de uma Escola de Médiuns na União Espírita Bahiana, e para tanto, foi convocada uma reunião de médiuns componentes dos grupos espíritas de Salvador, que deveriam comparecer com a presença de seus respectivos presidentes. A ideia era esclarecer para os interessados os objetivos do empreendimento, salientando que a intenção era implementação de um trabalho voltado para o estudo, com foco na educação mediúnica. Em 1940, Miranda citou num relatório da UEB:

> Continuemos a trabalhar para que esses sensitivos compreendam o dever sagrado que tomaram a si, em prol dos sofredores. Têm sido pontuais, mas raramente se apresentam novos instrumentos para aliviar o sofrimento alheio. Também sabemos que os atraem tantos grupos espíritas que há em nossa cidade. Permita Deus que saibam obedecer às determinações das Leis Divinas, estudando com interesse *O livro dos médiuns*.
>
> As "línguas de fogo" descem sobre todos, portanto os médiuns, de posse delas, aliviem os subjugados e os espíritos infelizes, por sua ignorância ou por sua maldade. Esses benefícios ficam em si registrados para equilíbrio das dívidas.

MANOEL MIRANDA EM DEFESA DO ESPIRITISMO

Miranda viveu num tempo de polêmicas sobre o Espiritismo. Publicações católicas, protestantes e de livres-pensadores faziam questionamentos relativos aos princípios doutrinários, ou acusavam o Movimento Espírita de destruir o sentimento patriótico, ou ainda, ser uma fábrica de loucos.

Um desses documentos, "Por que não sou espírita", assinado por H. R. (Huberto Rohden, 1893–1981), publicado na vizinha cidade de Alagoinhas, no *Correio de Tacoara*, em janeiro de 1931, mereceu a refutação de Miranda.

Em seu trabalho demonstrou conhecer uma vasta literatura espírita, e textos bíblicos, ter grande capacidade de análise lógica e se ater a fatos históricos documentados.

Na introdução da sua réplica, ressaltou os desvios do Cristianismo produzidos pelo Catolicismo:

> EM BEM DA VERDADE
>
> A luz em nossos dias espanca as trevas.
>
> O Espírito de Verdade lembra as lições de Jesus.
>
> Grandes abalos produzem-se no mundo social, abatendo os poderosos, erguendo as almas do caos imenso, a que foram atiradas pelas inoculações dos ensinos extraevangelhos, ofuscando destarte o vislumbre da luz salvadora, ensinada pelo meigo Rabi da Galileia, quando seria já feliz a humanidade, se fossem propagados os seus humildes conselhos, em confirmação à eterna Lei do Decálogo, sintetizada no Amor.
>
> A adulteração das suas verdades, em prol dos interesses ofuscantes de uma corporação que devia ensinar e exemplificar o que nos dão os Evangelhos que Jesus nos legou por Mateus, Marcos, Lucas, e João, trouxe de longas datas o povo atraído a abstrusos dogmas, cujas instituições são simplesmente humanas, antideístas, pela imperiosa necessidade de privá-lo da liberdade de pensar nas ciências divinas, proibindo a leitura dos Evangelhos, por ser preciso impor um inferno monstruoso, chefiado pelo mitológico Satanás que lança as pobres almas nesse fogo ardente por toda a eternidade, muitas vezes por culpas inferiores às que ocorrem em lugares santos! E dão o nosso Pai como criador dessa barbaridade!
>
> O inferno só existe na consciência do culpado até a sua regeneração pelo sofrimento.

E esclareceu qual a melhor defesa do Espiritismo:

> Só assim poderão os espíritas sair do seu silêncio para fazer a defesa da Doutrina do Mestre. A melhor defesa é amor, perdão e caridade; é tirar a luz de sob o alqueire.

> Chefe da Terra, o Espiritismo não tem; entretanto tem Jesus, como farol, iluminando os seus passos e é assim por esta força infinita que se vê, em tão poucos tempos, tendo temíveis adversários, derribando pedras seculares, o que não aconteceu com outra qualquer crença, que muitos absurdos fez *para maior gloria de DEUS*.
>
> Ele não faz imposições; somente se defende. Não tem outros protetores; basta a humildade ensinada pelo Divino Mestre.

Prosseguiu demonstrando conhecer outros ataques e suas defesas:

> Assim, impavidamente, vai abrindo caminho à Verdade, como João Batista nos tempos messiânicos. Dentre os muitos ataques pela ojeriza dos inimigos da Luz, podemos apontar aos ávidos da evolução as seguintes defesas:
>
> Resposta ao Padre Dubois (do Pará) por Frederico Figner;
>
> Verdades da Verdade, pelo mesmo autor;
>
> Respostas do Dr. Carlos Imbassahy (vide *Reformador*) ao livro *Porque não posso ser espírita*, do Rev. Pastor Galdino Moreira.
>
> Cartas de Urias ao Padre Julio Maria, Mons. Passalacqua, Vigário da França e Arcebispo D. Arco Verde.

E ainda lembra a existência de livros de autores católicos e protestantes que referendam o Espiritismo, dentre outros:

Entretanto temos obras sublimes, oriundas do clero católico e protestante, como sejam:

> *A vida além do véu*, do Rev. G, Vale Owen;
>
> *Ensinos espiritualistas* do Rev. William Stainton Moses, Reitor da Universidade na Inglaterra;
>
> *Região em litígio entre este mundo e o outro* de Roberto Dale Owen, publicado na Filadélfia, em 1877;
>
> *Roma e o evangelho* de D. José Amigó y Pellicér;
>
> Discurso do Bispo Strossmayer no Concílio de 1870, demonstrando o erro da infalibilidade papal.

E justificou a existência de sua refutação:

> Agora surgiu um artigo com iniciais disfarçadas de H. R., na vizinha cidade de Alagoinhas, no *Correio de Tacoara*, com argumentos tão ilógicos e anticristãos, com o título *Por que não sou espírita*, que qualquer estudioso pode destruí-los e esclarecer o articulista naquilo que não se dedicou a analisar sem preconceitos.

Era preciso alguém atender e não sei que força me impeliu a sair do meu obscurantismo, produzindo a sincera resposta "Porque sou espírita".

M. P. B. DE MIRANDA
Bahia, março de 1931.

Essa introdução abria o rol de respostas às questões colocadas por H. R. no artigo "Por que não sou espírita":

1º) Porque sou homem racional – e o Espiritismo é irracional;

2º) Porque sou cristão – e o Espiritismo é inimigo de Cristo;

3º) Porque sou católico – e o Espiritismo faz guerra à Igreja Católica;

4º) Porque sou brasileiro – e o Espiritismo é condenado pelas leis do Brasil;

5º) Porque sou patriota – e o Espiritismo é antipatriótico;

6º) Porque espero ser eternamente feliz no outro mundo – felicidade que Espiritismo não me pode garantir.

A estas afirmativas, Miranda respondeu baseado em fatos da *Bíblia*, passeando por vasta literatura, com detalhes sobre as fontes e autores, com conhecimento de causa, o que deixa claro seu trabalho de pesquisa para discorrer com propriedade sobre as afirmativas elencadas de H. R.

Fez inicialmente uma abordagem crítica sobre a adoração de imagens, prosseguiu demonstrando a coerência dos primeiros cristãos e as adulterações que foram sendo feitas pelo Catolicismo de então, as reuniões dos Concílios, a questão da derrocada do Vaticano em função da decretação da *infabilidade papal*, no ano de 1870, e transcreveu integralmente o discurso do bispo Strossmayer, que mostrou a improcedência desse decreto.

Mais adiante, mostrando-se bem atualizado com as publicações espíritas, comentou:

O meu amigo é bem-intencionado, assim creio; mas não pesquisa. Não lê em espírito e verdade os *Evangelhos segundo Marcos, Matheus, Lucas e João*; as cartas dos apóstolos Pedro e Paulo e o *Apocalipse*; não analisa despreconcebidamente os livros de Allan Kardec, dentre os quais *O livro*

> *dos espíritos, O evangelho segundo o espiritismo, O livro dos médiuns, O céu e o inferno, A gênese, Obras póstumas* etc. Ao lado dele, escreveram Léon Denis, Gabriel Delanne, Gustavo Geley, William Crookes, Cesare Lombroso, Camille Flammarion, Dr. Bezerra de Menezes, Dr. Bittencourt Sampaio, Dr. Alberto Seabra, Carlos Mirabelli (Mensagem do Além) e muitos outros, como Arthur Conan Doyle e Zöllner.

Acrescentou ainda as obras sobre materialização, pontuando o trabalho da médium Anna Prado, em Belém do Pará, além de indicar o livro *Hipnotismo e espiritismo*, do Dr. José Lapponi, por ter sido médico de confiança de S. S. o papa Leão XIII.

Seu objetivo em refutar os itens supra citados o levou a dissertar sobre os vários aspectos do Espiritismo, sua visão de mundo, a relação com as outras crenças sem preconceitos, sobre o patriotismo ampliado; a demonstrar que todos somos Espíritos criados por Deus independentemente da questão territorial, o mito da loucura estar associada ao Espiritismo, apresentando resultados de pesquisa a respeito, negando a veracidade desses boatos, a escalada evolutiva que todos estamos realizando, enquanto encarnados na Terra, a sobrevivência da alma e a comunicação entre o mundo material e o mundo espiritual.

E encerrou nestes termos:

> H. R., Deus lhe pague ter motivado esta palestra tão fraterna e que a Luz inunde o seu espírito, não obstante, não ter o prazer de saber com quem falo.
>
> Tinha uma dívida: em 1915 adoeci, procurei os recursos médicos e religiosos, nada me deram; ao contrário, fui julgado um caso perdido e graças a Deus, aí em Alagoinhas, o saudoso Saturnino Favila, sem ciência das academias, mas tendo a ciência no coração, obteve de Jesus, nas suas sessões espíritas, a minha cura. É que Deus estava me chamando e eu não obedecia a verdade.
>
> *Eis por que sou espírita.*
> M. P. B. DE MIRANDA

MIRANDA E SUA MORTE

Próximo ao seu desenlace, Miranda escreveu à sua sobrinha e afilhada Nini, e ao seu marido Aurelino. Nesta carta, aparece a sua atuação na família referente à gestão dos bens, a consciência de sua impossibilidade de prosseguir e sua possível morte próxima. Nela, transparece sua aceitação aos achaques do final da existência corporal e seu cuidado em deixar em ordem, informações importantes para os familiares.

Às 21h de 14 de julho de 1942 ele desencarnou, estando presentes seus amigos espíritas Jorge Piedade, Antônio Melquíades e Alfredo Mercês, vice-presidente da UEB.

Em um de seus últimos diálogos, demonstrando sua dedicação à UEB, afirmou: "Agora, sim! Não vou porque não posso mais. Estou satisfeito porque cumpri o meu dever. Fiz o que pude... o que me foi possível. Tome conta dos trabalhos conforme já determinei".

Suas últimas palavras foram: Alfredo, Deus lhe ajude!

MIRANDA RETORNA PELA MEDIUNIDADE

Contou Divaldo na comemoração dos 130 anos de Manoel Miranda, em palestra proferida na FEEB – Sede Histórica:

> Estava orando e agradecendo a Deus, quando entraram duas entidades venerandas, ambas de cabelos brancos. A primeira me era conhecida, e falou: Divaldo eu sou José Florentino de Sena, mas todos me conhecem por José Petitinga, nome que adotei depois do incidente de que fui objeto na cidade onde morei.
>
> Nós somos *velhos conhecidos*, e quero lhe apresentar um querido companheiro – Manoel Miranda que é trabalhador da nossa causa e continua trabalhando lá, na nossa casa...
>
> Manoel Miranda acercou-se-me e disse: "chame-me apenas de Miranda que é o que mais gosto. Nós temos um longo trabalho pela frente e vamos pedir a Deus que abençoe os nossos esforços"...

Em 1968, Miranda comunicou-se afirmando:

> Desde que desencarnei, eu venho me dedicando há 30 anos ao estudo da obsessão.
>
> Disse-me ainda: ... "havia um paciente que frequentava nossas reuniões mediúnicas, que era obsidiado; eu lidei com essas entidades anos a fio sem conseguir penetrar no âmago. Desencarnei, o meu paciente já havia morrido, e eu me impus o dever de procurá-lo... e ele continuava obsidiado.

E eu fui estudar a psicogênese da reencarnação. Faz 30 anos que, como qualquer universitário, estudo as leis de causa e efeito. Não fui homem de cultura, mas fui homem de bom senso e dedicado à lei da caridade. Então eu gostaria de mandar para a Terra as informações a respeito da reencarnação e das obsessões... Pedi permissão à Veneranda Joanna para escrever por seu intermédio...".

Divaldo esclareceu que não seria ele, o Miranda, o autor real do livro, mas uma espécie de narrador das experiências que outros realizariam... E foi desta forma foi psicografado o livro *Nos bastidores da obsessão*.

Quando Divaldo concluiu o livro, esteve com a médium Yvonne Pereira e narrou todo o processo da psicografia da obra, dizendo que pretendia oferecê-la à Federação Espírita Brasileira (FEB), pelo significado profundo do seu conteúdo. Então Yvonne lhe disse: "Se esse livro fosse meu, eu colocaria como título *Nos bastidores da obsessão,* acrescentando ser pertinente se tomar conhecimento do que acontece *atrás da cortina*.

Divaldo levou a sugestão a Miranda, que acolheu a ideia, e o livro foi encaminhado à FEB, que o publicou.

Em encontro com Chico Xavier, Divaldo foi informado de que o trabalho de Miranda é um desdobramento das obras do Espírito André Luiz, no aspecto da obsessão.

FONTES CONSULTADAS

MIRANDA, M. P. B. *Porque sou espírita*: ao infundado e reprovável antagonismo do Sr. H. R. – Bahia, 1931.
Atas da União Espírita Baiana de 1918 a 1940.
Resenha do Espiritismo na Bahia – Bahia, 1940.
Relatório da União Espírita Baiana, 1940, p. 6 e 7.
Excertos que justificam o Espiritismo – Tipografia Naval – Bahia, 1941.
Biografia de Manoel Miranda, por Antônio Melquíades, 1942.
MACHADO, Leopoldo. *Ide e pregai* – Rio de Janeiro, 1942.
Vídeo da palestra por Divaldo Franco, na comemoração dos 130 anos de Manoel Miranda, na Sede Histórica da FEEB, 2006.

Manoel Philomeno Baptista de Miranda (1876–1942)

PRIMEIRA PARTE

PREPARAÇÃO PARA A REUNIÃO MEDIÚNICA

1 Conhecimento do Espiritismo e do Evangelho de Jesus

2 A Revelação Espírita

3 Conhecimento específico da mediunidade

4 Integração na Casa Espírita e encaminhamento à reunião mediúnica

5 O perfil do trabalhador da mediunidade

6 Condições de admissão ao grupo mediúnico: critérios de participação. Ausências, impedimentos e afastamentos

7 Educação da mediunidade

CAPÍTULO 1

CONHECIMENTO DO ESPIRITISMO E DO EVANGELHO DE JESUS

O espírita sincero entende a importância de conhecer os postulados espíritas, em especial os descritos nas obras de Allan Kardec, que lhe conferem a base intelectual necessária a fim de que saiba interpretar corretamente as lições da Terceira Revelação de Deus, e o oriente agir com discernimento ante os desafios da vida.

Contudo, o aprimoramento da inteligência deve conduzir o ser à edificação do seu caráter moral, medida fundamental para que se transforme em pessoa de bem. O referencial ético e moral para o comportamento humano é o Evangelho de Jesus, pois, como anunciaram os Espíritos Superiores: Jesus é o tipo mais perfeito que Deus já ofereceu ao homem para lhe servir de Guia e Modelo.[1] Informação assim analisada por Kardec: "Para o homem, Jesus representa o tipo da perfeição moral a que a Humanidade pode aspirar na Terra. Deus no-lo oferece como o mais perfeito modelo, e a doutrina que ensinou é a mais pura expressão de sua lei [...]".[2]

Manoel Philomeno de Miranda pondera a respeito:

> O Espiritismo é bênção do Céu que se esparze sobre a Terra sofrida em resposta aos apelos aflitgentes daqueles que sofrem e anelam pela saúde e pela paz. Quais estrelas luminíferas que descem do zimbório para diminuir a escuridão da noite, os Espíritos elevados vêm tentando instaurar o primado da harmonia entre os seres humanos em nome de Jesus descrucificado.[3]

Acrescentando com lucidez ser "[...] indispensável retornar-se à simplicidade evangélica, mesmo tendo-se em vista os modernos padrões da cultura, do comportamento e das circunstâncias sociais e ambientais".[4]

O estudo da Doutrina Espírita ou Espiritismo, como de todo o conhecimento humano, desenvolve-se por meio de etapas de aprendizado bem delineadas, cujos conteúdos devem estar metódica e logicamente encadeados entre si, possibilitando visão do todo e das partes constituintes dos assuntos, com a finalidade de facilitar o processo ensino-aprendizado:

> Tratando-se de uma Ciência, que é, o Espiritismo aguarda estudo sério e sistematizado, a fim de ser compreendido em toda a sua profundidade. Como Filosofia, propõe reflexões contínuas, diálogos e análise dos seus postulados, de modo a poder-se incorporá-los ao dia a dia da existência. Na condição de Religião, em razão da sua ética moral fundada em o Evangelho de Jesus, estabelece comportamentos dignos e graves, por preparar o Espírito para o prosseguimento das conquistas morais e culturais no corpo e fora dele.
>
> Não é, portanto, uma Doutrina que permita frivolidade, divertimento, que se possa transformar em clube de relaxamento ou de exibição do ego. Pelo contrário, trabalha os valores morais do indivíduo, a fim de que se esforce sempre pela transformação interior para melhor, iluminando-se e tornando-se exemplo de verdadeiro cristão, de cidadão de bem.[5]

O estudo do Espiritismo estabelecido na forma de um curso regular, preconiza o Codificador do Espiritismo,

> [...] seria professado com o fim de desenvolver os princípios da Ciência e de difundir o gosto pelos estudo sérios. Esse curso teria a vantagem de fundar a unidade de princípios, de fazer adeptos mais esclarecidos, capazes de espalhar as ideias espíritas e de desenvolver grande número de médiuns [...].[6]

E com razão, Philomeno de Miranda considera:

> É claro que esse programa não é tão fácil, e não são poucos os candidatos ao seu conhecimento que desistem com facilidade, por não estarem dispostos a renunciar às ilusões, ao comodismo, aos interesses imediatistas. Não compreendem o objetivo da Doutrina e sentem dificuldade em penetrá-lo [...].[7]

Nunca é demais recordar por que Kardec denominou *Doutrina Espírita* ou *Espiritismo* o conjunto de ensinamentos transmitidos pelos Espíritos Superiores, sob a coordenação do Espírito da Verdade, no século XIX, por intermédio de numerosos médiuns.

> Para coisas novas precisamos de palavras novas; assim o exige a clareza da linguagem, para evitarmos a confusão inerente ao sentido múltiplo

dos mesmos termos. As palavras *espiritual, espiritualista, espiritualismo* têm acepção bem definida [...]. Com efeito, o espiritualismo é o oposto do materialismo; quem quer que acredite ter em si alguma coisa além da matéria é espiritualista, mas não se segue daí que creia na existência dos Espíritos ou em suas comunicações com o mundo visível. Em lugar das palavras *espiritual, espiritualismo*, empregaremos, para designar esta última crença, as palavras *espírita* e *espiritismo* [...]. Diremos, pois, que a Doutrina *Espírita* ou o *Espiritismo* tem por princípio as relações do mundo material com os Espíritos ou seres do mundo invisível. Os adeptos do Espiritismo serão os *espíritas* ou, se quiserem, os *espiritistas*.[8]

A Doutrina Espírita representa o cumprimento da promessa de Jesus, registrada pelo Apóstolo João em dois momentos:

> *Se me amardes, observareis meus mandamentos, e eu rogarei ao Pai, e ele vos dará outro Paráclito* [Consolador, Espírito da Verdade, Espírito Santo] *para que convosco permaneça para sempre o Espírito da Verdade*. (Jo 14:15-17)
>
> *Mas o Paráclito, o Espírito Santo, que o Pai enviará em meu nome, vos ensinará tudo e vos recordará tudo o que vos disse*. (Jo 14:26).[9]

Tendo como base essa informação evangélica, é comum os espíritas referirem-se ao Espiritismo como *A Verdade*, porque a Doutrina ensina e explica a origem, existência e sobrevivência do Espírito, após a morte do corpo físico. Sendo assim, a revivescência dos ensinos de Jesus, à luz do entendimento espírita, constitui-se de elementos necessários à transformação espiritual da humanidade terrestre, que acontecerá no momento apropriado.

> O Espiritismo vem no tempo previsto cumprir a promessa do Cristo: preside ao seu advento o Espírito de Verdade. Ele chama os homens à observância da Lei; ensina todas as coisas fazendo compreender o que o Cristo só disse por parábolas. Disse o Cristo: "Ouçam os que têm ouvidos para ouvir". O Espiritismo vem abrir os olhos e os ouvidos, porque fala sem figuras e sem alegorias; levanta o véu intencionalmente lançado sobre certos mistérios. Vem, finalmente, trazer a suprema consolação aos deserdados da Terra e a todos os que sofrem, atribuindo causa justa e fim útil a todas as dores.[10]

Em um esforço de síntese, pois o assunto é bem vasto, Manoel Philomeno de Miranda, conclui o assunto, sem pretensão de esgotá-lo:

» **Objetivo do Espiritismo:** "Sabedor do objetivo da Terceira Revelação, que é o de desvelar o Evangelho de Jesus perfeitamente atualizado, para uma sociedade aturdida que tem necessidade de diretriz e de equilíbrio, não se tem mantido à altura da responsabilidade que lhe pesa sobre os ombros ao dirigir uma Instituição de alto porte espiritual como é a em que se encontra".[11]

» **Objetivo do Espiritismo:** "Ao Espiritismo, com a sua estrutura ético-religiosa firmada no Evangelho de Jesus, cabe a grandiosa tarefa de diluir das mentes o pavor da morte, educando os homens sobre a maneira de encará-la, ao mesmo tempo ensinando a valorização da vida".[12]

» **Missão do Espiritismo:** "Ao Espiritismo compete gigantesca missão: restaurar o Evangelho de Jesus para as criaturas, clarificar o pensamento filosófico da Humanidade e ajudar a Ciência, concitandoa ao estudo das causas nos recessos do Espírito, antes que nos seus efeitos".[13]

» **Importância do estudo do Espiritismo:** "O estudo sistematizado do Espiritismo é hoje, como foi no passado e será no futuro, uma necessidade que não deve ser postergada sob qual for o motivo que, aparentemente, se apresente como justificado.

Ciência experimental e de observação, utiliza-se o Espiritismo de metodologia especial para penetrar no mecanismo dos fenômenos mediúnicos e da reencarnação, *fenômenos naturais e universais*, desse modo equacionando um sem-número de questões que aturdem e envolvem incontáveis criaturas".[14]

» **Necessidade do estudo do Evangelho:** "Torna-se urgente uma releitura do Evangelho de Jesus e a sua imediata aplicação como terapêutica valiosa para reverter a paisagem sofrida e triste da Humanidade contemporânea".[15]

» **Necessidade do estudo do Evangelho:** "A revivescência das profundas lições de amor exaradas no Evangelho de Jesus, no entanto, são o antídoto para todos esses males, quando aplicadas na conduta dos indivíduos".[16]

» **Necessidade do estudo do Evangelho:** "O Evangelho de Jesus, o incomparável tratado de bênçãos ao alcance de todos, é uma sinfonia de superior beleza, elaborada com palavras luminosas, convidando às conversações libertadoras".[17]

» **Segurança da Instituição Espírita:** "As ações de benemerência e a prática do Espiritismo dentro dos seus paradigmas, conforme estatuídos na Codificação, aí encontram o devido respeito e consideração. A seriedade com que são tratados os problemas e discutidas as responsabilidades têm no Evangelho de Jesus as diretrizes de segurança, de forma que a concórdia e a caridade aí gozam de primazia".[18]

REFERÊNCIAS

1 KARDEC, Allan. *O livro dos espíritos*. Trad. Evandro Noleto Bezerra. 4. ed. 9. imp. Brasília, DF: FEB, 2020. q. 625.
2 KARDEC, Allan. *O livro dos espíritos*. Trad. Evandro Noleto Bezerra. 4. ed. 9. imp. Brasília, DF: FEB, 2020. comentário de Kardec à q. 625.
3 FRANCO, Divaldo Pereira. *Perturbações espirituais*. Pelo Espírito Manoel Philomeno de Miranda. 1. ed. 3. imp. Salvador, BA: LEAL, 2017. cap. 17, p. 236.
4 FRANCO, Divaldo Pereira. *Perturbações espirituais*. Pelo Espírito Manoel Philomeno de Miranda. 1. ed. 3. imp. Salvador, BA: LEAL, 2017. cap. 17, p. 237.
5 FRANCO, Divaldo Pereira. *Transtornos psiquiátricos e obsessivos*. Pelo Espírito Manoel Philomeno de Miranda. 2. ed. 4. imp. Salvador, BA: LEAL, 2019. cap. 14, p. 239.
6 KARDEC, Allan. *Obras póstumas*. Trad. Evandro Noleto Bezerra. 2. ed. 4. imp. Brasília, DF: FEB, 2019. 2ª pt., *Projeto – 1868*, it. Ensino espírita.
7 FRANCO, Divaldo Pereira. *Transtornos psiquiátricos e obsessivos*. Pelo Espírito Manoel Philomeno de Miranda. 2. ed. 4. imp. Salvador, BA: LEAL, 2019. cap. 14, p. 239.
8 KARDEC, Allan. *O livro dos espíritos*. Trad. Evandro Noleto Bezerra. 4. ed. 9. imp. Brasília, DF: FEB, 2020. *Introdução ao estudo da Doutrina Espírita*, it. I.
9 BÍBLIA DE JERUSALÉM. Coord. da edição em língua portuguesa: Gilberto da Silva Gorgulho; Ivo Storniolo e Ana Flora Anderson.

Diversos tradutores. Nova ed. rev. e ampl. São Paulo: Paulus, 2019. *Evangelho segundo João*, 14:15-17; 26, p. 1.880 e 1.881.

10   KARDEC, Allan. *O evangelho segundo o espiritismo*. Trad. Evandro Noleto Bezerra. 2. ed. 10. imp. Brasília, DF: FEB, 2020. cap. 6, it. 4.

11   FRANCO, Divaldo Pereira. *Perturbações espirituais*. Pelo Espírito Manoel Philomeno de Miranda. 1. ed. 3. imp. Salvador, BA: LEAL, 2017. cap. 4, p. 58.

12   FRANCO, Divaldo Pereira. *Nas fronteiras da loucura*. Pelo Espírito Manoel Philomeno de Miranda. 16. ed. 3. imp. Salvador, BA: LEAL, 2015. cap. 16, p. 154.

13   FRANCO, Divaldo Pereira. *Grilhões partidos*. Pelo Espírito Manoel Philomeno de Miranda. 16. ed. 1. imp. Salvador, BA: LEAL, 2019. *Grilhões partidos*, p. 10.

14   FRANCO, Divaldo Pereira. *Temas da vida e da morte*. Pelo Espírito Manoel Philomeno de Miranda. 7. ed. 3. imp. Brasília, DF: FEB: 2018. *Considerações espíritas* [prefácio].

15   FRANCO, Divaldo Pereira. *Reencontro com a vida*. Pelo Espírito Manoel Philomeno de Miranda. Salvador, BA: LEAL, 2015. cap. 1, p. 22.

16   FRANCO, Divaldo Pereira. *Transtornos psiquiátricos e obsessivos*. Pelo Espírito Manoel Philomeno de Miranda. 2. ed. 4. imp. Salvador, BA: LEAL, 2019. cap. 10, p. 175.

17   FRANCO, Divaldo Pereira. *Mediunidade: desafios e bênçãos*. Pelo Espírito Manoel Philomeno de Miranda. 1. ed. 5. imp. Salvador, BA: LEAL, 2012. cap. 14, p. 117.

18   FRANCO, Divaldo Pereira. *Transtornos psiquiátricos e obsessivos*. Pelo Espírito Manoel Philomeno de Miranda. 2. ed. 4. imp. Salvador, BA: LEAL, 2019. cap. 18, p. 292.

CAPÍTULO 2

A REVELAÇÃO ESPÍRITA

O Espiritismo, enquanto revelação transmitida pelos Espíritos Superiores, apresenta algumas características comuns às filosofias espiritualistas. Citamos, como exemplo, a crença na existência de Deus e na sobrevivência do Espírito, após a morte do corpo físico, ou a ideia da reencarnação, um dos pontos básicos do Espiritismo, *é de conhecimento comum das* tradições religiosas e filosóficas orientais. Entretanto, a interpretação da Doutrina Espírita em relação a esses e outros pontos é diferente. Philomeno de Miranda pondera a respeito da reencarnação:

> Doutrina conhecida desde a mais remota antiguidade, identificada pelos gregos sob o nome de Palingenesia, é a mais coerente e lógica resposta aos múltiplos problemas humanos: morais, sociais, econômicos, físicos, raciais. Considerada a Justiça Divina na sua legítima posição, a reencarnação a expressa, ensejando a cada qual sua dita ou desgraça, impelindo sempre ao avanço, à ascensão.[1]

Com a sobrevivência do Espírito na dimensão extrafísica da vida, ele passa a viver em uma das inúmeras sociedades do Além de onde retorna à reencarnação, quantas vezes se fizerem necessárias. Todavia, as igrejas cristãs tradicionais tratam do assunto reencarnação com superficialidade ou negam completamente a ideia do retorno do Espírito à vida corporal. Entretanto o Cristo foi enfático a respeito do assunto, e, durante uma conversa com o sábio judeu Nicodemos, declarou: "Em verdade, em verdade, te digo: quem não nascer de novo não pode entrar no Reino de Deus." (Jo 3:3)[2]. Manoel P. de Miranda esclarece qual é o significado transmitido pelo Catolicismo e pelo Protestantismo:

> As religiões derivadas do Cristianismo, que ensinam a unicidade das existências ou das vidas, tais o Catolicismo e o Protestantismo nas suas

várias ramificações, interpretam a lição elucidando que o "nascer de novo" se dá por meio do batismo [...].[3]

A Ciência oficial nem sequer cogita a ideia da reencarnação, tendo como foco e interesse a existência do ser humano no âmbito do período que vai do berço ao túmulo. Enquanto as filosofias espiritualistas discorrem a respeito da imortalidade do Espírito e da existência de uma Inteligência Suprema (ou *Logos*), criadora dos seres, das coisas e do Universo, a Ciência, por ser essencialmente materialista, conceitua o ser humano como um animal superior (*Homo sapiens*), dotado de inteligência e razão. Mas sem a ideia da reencarnação é impossível explicar o processo evolutivo do homem.

> Como é compreensível, a planificação para reencarnações é quase infinita, obedecendo a critérios que decorrem das conquistas morais ou dos prejuízos ocasionais de cada candidato.
>
> Na generalidade, existem estabelecidos automatismos que funcionam sem maiores preocupações por parte dos técnicos em renascimento, e pelos quais a grande maioria de Espíritos retorna à carne, assinalados pelas próprias injunções evolutivas.
>
> Ao lado desse extraordinário automatismo das leis da reencarnação, há programas e labores especializados para atender finalidades específicas, na execução de tarefas relevantes e realizações enobrecedoras, que exigem largo esforço dos Mentores encarregados de promover e ajudar os seus pupilos, no rumo do progresso e da redenção.
>
> Sem nos desejarmos deter em pormenores dos casos especiais, referentes aos missionários do amor e aos abnegados cultores da Ciência e da Arte, os candidatos em nível médio de evolução, antes de serem encaminhados às experiências terrenas, requerem a oportunidade, empenhando os melhores propósitos e apresentando os recursos que esperam utilizar, a fim de granjearem a bênção do recomeço, na bendita escola humana.[4]

As explicações espiritualistas e científicas são, portanto, limitantes, não conseguem fornecer explicações satisfatórias sobre a diversidade da inteligência e habilidades humanas, assim no que se refere aos conflitos sociais e morais existentes na nossa humanidade. Destaca o benfeitor espiritual:

> Além disso, o bom senso nos faz inferir, diante das disparidades sociais, dos desajustes familiares, dos graves problemas morais, das expressões teratológicas, das diferenças entre os gênios e os primários, da penúria

econômica, das simpatias e antipatias, das animosidades incompreensíveis, dos ódios entre genitores e filhos, das enfermidades de longo curso, que são todas essas ocorrências a colheita dos frutos decorrentes da sementeira pretérita de cada um...⁵

A Doutrina Espírita não contraria as metodologias filosóficas e científicas enquanto recursos de investigação e estudo. Enriquece-as, todavia, ao acatar contribuições advindas das faculdades extrassensoriais do indivíduo, mediúnicas a anímicas. Com esse procedimento, as *consequências* dos estudos e análises espíritas são outras, diferentes das conclusões filosóficas e cientificas do mundo. O Espiritismo vê o ser humano de forma integral, habitante de diferentes planos vibratórios, o físico e o espiritual, nos quais age e interage por meio de suas faculdades psíquicas, anímico-mediúnicas.

Nesse contexto Allan Kardec afirma com propriedade:

> O *Espiritismo* é a ciência nova que vem revelar aos homens, por meio de provas irrecusáveis, a existência e a natureza do Mundo Espiritual e as suas relações com o mundo corpóreo. Ele no-lo mostra não mais como coisa sobrenatural, mas, ao contrário, como uma das forças vivas e sem cessar atuantes da Natureza, como a fonte de uma multidão de fenômenos até hoje incompreendidos e, por isso mesmo, relegados para o domínio do fantástico e do maravilhoso.⁶

2.1 CARACTERÍSTICAS DA REVELAÇÃO ESPÍRITA

A Doutrina Espírita é uma filosofia espiritualista que tem como princípio a comunicação mediúnica e as faculdades anímicas humanas, comumente manifestadas entre os dois planos da vida, o físico e o espiritual. Apresenta um corpo doutrinário de orientações governadas pela prudência, bom senso e lógica, que abrangem aspectos filosóficos, científicos e morais, ou o fato das manifestações, os princípios da filosofia e de moral.⁷

São características gerais da Revelação Espírita:

2.1.1 A VIDA NO PLANO EXTRAFÍSICO

> O Espiritismo, dando-nos a conhecer o mundo invisível que nos cerca e no meio do qual vivíamos sem o suspeitarmos, assim como as leis que o regem, suas relações com o mundo visível, a natureza e o estado

dos seres que o habitam e, por conseguinte, o destino do homem após a morte, é uma verdadeira revelação, na acepção científica da palavra.[8]

O conhecimento da vida espiritual e as ações edificantes, trabalhando o metal do caráter humano, são o passaporte e a passagem que facultam a viagem feliz, com uma chegada ditosa, sem embaraço ou impedimento na travessia da aduana da morte.

O homem deve sempre reservar alguns momentos diários para meditar a respeito da viagem de volta e, conscientemente, reunir a valiosa bagagem que irá conduzir, única de que se poderá utilizar ao transpor a fronteira do mundo físico.[9]

O Mundo Espiritual, compreensivelmente, apresenta-se em variado aspecto, quase infinito de graduação [...]. A diferença básica ressalta nos seus habitantes, que diferentemente dos atormentados que se movimentam ao lado dos pacíficos, dos criminosos que andam misturados aos honrados, na azáfama e balbúrdia, no trânsito perturbador e na disputa pela conquista de destaque social ilusório, encontram-se em refazimento e em paz, experimentando a harmonia e o equilíbrio, o respeito e a amizade sinceros, confraternizando uns com os outros, deixando que a truculência e o desajuste permaneçam temporariamente apenas nas áreas reservadas ao socorro que lhes é necessário, que ali são hospedados para conveniente atendimento e orientação, no momento próprio.[10]

[...]

De acordo com a proximidade da Terra, os círculos espirituais concêntricos apresentam caráter especial bem-definido que as estruturas físicas do mundo consolidam. À medida que se distanciam, habitados por Espíritos mais evoluídos, felizes uns e ditosos outros, as suas *edificações* somente chegarão à crosta do planeta, quando a cultura, a ética e a civilização alcançarem mais nobres patamares. Nessas Esferas luminíferas igualmente vinculadas ao planeta terrestre – algumas delas mais especialmente – estagiam os missionários da Ciência, da Beleza e do Amor que, ao se reencarnarem no mundo físico, fomentam o desenvolvimento tecnológico, auxiliam as conquistas do conhecimento científico e contribuem com os valiosos recursos para apressar o progresso e conduzir os seres humanos a estágios mais nobres [...].[11]

2.1.2 O DUPLO CARÁTER DA DOUTRINA ESPÍRITA

Por sua natureza, a revelação espírita tem duplo caráter: participa ao mesmo tempo da revelação divina e da revelação científica. Participa da primeira porque foi providencial o seu aparecimento e não o resultado da iniciativa, nem de um desejo premeditado do homem; porque os pontos fundamentais da Doutrina provêm do ensino que deram os Espíritos encarregados por Deus de esclarecer os homens sobre coisas que eles ignoravam, que não podiam aprender por si mesmos e que lhes importa conhecer [...]. Participa da segunda por não ser esse ensino privilégio de indivíduo algum, mas ministrado a todos do mesmo modo; por não serem os que o transmitem e os que o recebem seres *passivos*, dispensados do trabalho da observação e da pesquisa; por não renunciarem ao raciocínio e ao livre-arbítrio; porque não lhes é interdito o exame, mas, ao contrário, recomendado; enfim, porque a Doutrina não foi *ditada completa, nem imposta à crença cega* porque é deduzida, pelo trabalho do homem, da observação dos fatos que os Espíritos lhe põem sob os olhos e das instruções que lhe dão, instruções que ele estuda, comenta, compara, a fim de tirar ele próprio as consequências e aplicações [...].[12]

Sendo assim, todo esforço deva ser envidado para manter os ensinamentos espíritas intactos, na forma como Allan Kardec os codificou:

Ante a total impossibilidade de adulterar-se os excelentes conteúdos da Doutrina Espírita, não faltam em muitos indivíduos presunção e prosápia para informações incorretas, assacando acusações de que ela se encontra superada ante as conquistas do pensamento contemporâneo, em lastimável desconhecimento dos seus postulados que vêm sendo confirmados pelas ciências, demonstrando a sua superior qualidade filosófico-científica a par dos relevantes ensinamentos ético-morais e religiosos. Outras tentativas vêm sendo feitas, mediante pretensiosas anexações de ideias ou postulados pseudocientíficos, que a estariam completando, ou ainda pela diversificação de pensadores e praticantes, que dariam margem ao surgimento de correntes personalistas, à maneira de Fulano ou Beltrano. Simultaneamente, não cessam as tentativas de desfigurá-lo, retirando-lhe a feição religiosa que o vincula a Jesus, no qual se haurem a esperança e a paz que constituem elementos basilares para a felicidade. Olvidam-se, todos esses insensatos, que somente existe o Espiritismo, e que ele é aquele que se encontra exarado na Codificação, nas Obras complementares e na *Revista Espírita*, enquanto a dirigiu e editou o insigne mestre Allan Kardec.[13]

2.1.3 O CONHECIMENTO ESPÍRITA

Assim como a Ciência propriamente dita tem por objeto o estudo das leis do princípio material, o objeto especial do Espiritismo é o conhecimento das leis do princípio espiritual [...].[14]

Quando luzir na Humanidade o conhecimento espírita, e as sutilezas da obsessão puderem ser identificadas desde os primeiros sintomas, muitos transtornos infantojuvenis serão evitados, graças às terapias preventivas, ou minimizados mediante os tratamentos cuidadosos que o Espiritismo coloca à disposição dos interessados [...].[15]

A preservação dos postulados que compõem a Terceira Revelação de Deus aos homens, é dever de todo espírita. Ele deve zelar para que o patrimônio espiritual, transmitido pelos Orientadores da Vida Maior, seja resguardado do erro e da mentira.

Segundo o Espírito Miranda, falta a muitas pessoas a compreensão do modo saudável de agir em diversos locais onde estejam, pois

Mesmo quando são membros de instituições, que deveriam preservar, tornam-se palradoras, movediças, inquietas, olvidando-se das atitudes coerentes com as propostas que ali são apresentadas e devem transformar-se em realizações edificantes. Esse comportamento faculta a intromissão de Espíritos irresponsáveis e ociosos, que se misturam aos encarnados, gerando intercâmbio excitante de conversações levianas, que derrapam, não raro, em maledicências, acusações, vulgaridades [...].[16]

Referindo-se ao dedicado médium Silvério, prossegue Miranda:

A oração, o trabalho, às vezes, até a exaustão, constituíam-lhe a melhor metodologia para manter-se em paz. Não almejando outra recompensa que não fosse a vitória sobre si mesmo, não se preocupava muito com as opiniões que eram formuladas em torno da sua pessoa, tampouco com as acusações que eram assacadas contra a sua conduta, por se não deixar conduzir pelas paixões primitivas, pelos campeonatos da vacuidade.[17]

2.1.4 JESUS: GUIA E MODELO DA HUMANIDADE

Para o homem, Jesus representa o tipo da perfeição moral a que a Humanidade pode aspirar na Terra. Deus no-lo oferece como o mais perfeito modelo, e a doutrina que ensinou é a mais pura expressão de sua lei, porque, sendo Jesus o ser mais puro que já apareceu na Terra, o Espírito Divino o animava.[18]

O modelo a seguir permanece Jesus, e a nova onda de amor trará de retorno o apostolado, os dias inesquecíveis das perseguições e do martírio que, na atualidade, terá características diversas, já que não se podem matar impunemente os corpos como no passado [...].[19]

2.1.5 A CONSTRUÇÃO COLETIVA DA DOUTRINA ESPÍRITA

A revelação espírita procede de uma coletividade de Espíritos, não de um indivíduo: "[...] O Espiritismo é a Terceira Revelação da Lei de Deus, mas não tem a personificá-la nenhuma individualidade, porque é fruto do ensino dado, não por um homem, mas pelos Espíritos, que são *as vozes do Céu*, em todos os pontos da Terra, e por uma multidão inumerável de intermediários. É, de certa maneira, um ser coletivo, formado pelo conjunto dos seres do Mundo Espiritual, cada um dos quais traz aos homens o tributo de suas luzes, para lhes tornar conhecido esse mundo e a sorte que os espera.[20]

O Espiritismo, embora a sua feição investigadora, que o torna uma ciência com sua própria metodologia, é o Consolador prometido por Jesus, que viria restaurar-Lhe os ensinamentos, porque estariam esquecidos, dizer verdades novas que, ao Seu tempo, não poderiam ser enunciadas em razão do atraso cultural da época, e ficaria para sempre em Seu nome.[21]

2.1.6 UNIVERSALIDADE DOS ENSINOS ESPÍRITAS

O Controle universal do ensino dos Espíritos, que garante a segurança e confiabilidade do ensino dos Espíritos, pode ser assim resumido:[22]

Se a Doutrina Espírita fosse de concepção puramente humana, não teria como garantia senão as luzes daquele que a houvesse concebido. Ora, ninguém, neste mundo, poderia ter a pretensão de possuir, sozinho, a verdade absoluta [...].

Quis Deus que a nova revelação chegasse aos homens por um caminho mais rápido e mais autêntico; por isso encarregou os Espíritos de irem levá-la de um polo a outro, manifestando-se por toda parte, sem conferir a ninguém o privilégio exclusivo de lhes ouvir a palavra. Um homem pode ser enganado, pode enganar-se a si mesmo; já não será assim, quando milhões de criaturas veem e ouvem a mesma coisa: é uma garantia para cada um e para todos [...].

São, pois, os próprios Espíritos que fazem a propaganda, com o auxílio dos inúmeros médiuns que eles vão suscitando de todos os lados [...].

O Espiritismo não tem nacionalidade, não faz parte de nenhum culto particular, nem é imposto por nenhuma classe social, visto que qualquer pessoa pode receber instruções de seus parentes e amigos de Além-Túmulo [...].

Essa universalidade no ensino dos Espíritos faz a força do Espiritismo; aí reside também a causa de sua tão rápida propagação [...].

O primeiro controle é, incontestavelmente, o da razão, ao qual é preciso submeter, sem exceção, tudo o que venha dos Espíritos. Toda teoria em notória contradição com o bom senso, com uma lógica rigorosa e com os dados positivos que se possui, deve ser rejeitada, por mais respeitável que seja o nome que traga como assinatura [...].

Em síntese, o controle universal dos ensinos espíritas visa a melhoria moral da espécie humana: "Ao Espiritismo coube a tarefa incomparável de inscrever a caridade como a única forma de conseguir-se a autoiluminação, de viver-se a existência plena em qualquer injunção da caminhada evolutiva".[23]

2.1.7 UNIDADE DOS PRINCÍPIOS ESPIRITAS

A universalidade do ensino dos Espíritos deve estar associada aos princípios de unidade doutrinária para que não ocorram equívocos de interpretação das ideias espíritas:[24]

> A única garantia séria do ensino dos Espíritos está na concordância que exista entre as revelações que eles façam espontaneamente, por meio de grande número de médiuns estranhos uns aos outros, e em diversos lugares.
>
> Compreende-se que não se trata aqui das comunicações relativas a interesses secundários, mas das que se referem aos próprios princípios da Doutrina. Prova a experiência que, quando um princípio novo deve ser revelado, ele é ensinado *espontaneamente* em diversos pontos ao mesmo tempo e de modo idêntico, se não quanto à forma, pelo menos quanto ao fundo. [...]
>
> Esse controle universal é uma garantia para a unidade futura do Espiritismo e anulará todas as teorias contraditórias. É aí que, no futuro, se encontrará o critério da verdade. [...]
>
> O princípio da concordância é também uma garantia contra as alterações que, em proveito próprio, pretendessem introduzir no Espiritismo as seitas que dele quisessem apoderar-se, acomodando-o à sua vontade. Quem quer que tentasse desviá-lo do seu objetivo providencial fracassaria, pela razão muito simples de que os Espíritos, em virtude da universalidade de seus ensinos, farão cair por terra qualquer modificação que se afaste da verdade.

Sendo assim, o espírita sincero deve estudar, mas agir com prudência, pois não faltam adversários, mesmo no meio espírita, que, inconsequentes e vaidosos, afirmam que o Espiritismo está ultrapassado e se propõem a atualizá-lo. Esquecem, contudo, que as verdades imortais são universais e permanecem para sempre, independentemente da evolução espiritual do ser humanos. Todo cuidado é pouco!

> Não poucos líderes do nosso movimento, na Terra, vêm esquecendo-se do comportamento saudável, de como Allan Kardec atendia os desafios que enfrentava durante a construção e divulgação do Espiritismo, as acusações de que foi vítima, as tentativas de desequilibrar-lhe a emoção, a falta de siso e de conduta edificante de inúmeros amigos que o traíam e o acusavam, mas, apesar de tudo, mantevese sempre fiel ao ideal e à mensagem libertadora.[25]
>
> Dominados pela vaidade, deixam-se outros dominar por Entidades intelectualizadas e de baixo nível moral, que os mistificam, assacando acusações indébitas contra tudo e todos que lhes não compartem as ideias esdrúxulas e extravagantes. Graças à comunicação virtual, divulgam-se acusações sórdidas contra os servidores fiéis a Jesus, que não estão à cata de promoção pessoal nem de exibicionismo egóico, semeando espinhos pela senda que eles devem percorrer. Intimoratos, no entanto, esses discípulos da última hora, prosseguem inatingidos, ignorando o mal para somente construírem o bem [...].[26]

REFERÊNCIAS

1. FRANCO, Divaldo Pereira. *Tramas do destino*. Pelo Espírito Manoel Philomeno de Miranda 12. ed. 3. imp. Brasília, DF: FEB, 2020. cap. 11 – *A terapia da verdade*.

2. BÍBLIA DE JERUSALÉM. Coord. da edição em língua portuguesa: Gilberto da Silva Gorgulho; Ivo Storniolo e Ana Flora Anderson. Diversos tradutores. Nova ed., rev. e ampl. São Paulo: Paulus, 2019. *Evangelho segundo João*, 3:3, p. 1.847.

3. FRANCO, Divaldo Pereira. *Tramas do destino*. Pelo Espírito Manoel Philomeno de Miranda 12. ed. 3. imp. Brasília, DF: FEB, 2020. cap. 11 – *A terapia da verdade*.

4. FRANCO, Divaldo Pereira. *Temas da vida e da morte*. Pelo Espírito Manoel Philomeno de Miranda. 7. ed. 3. imp. Brasília, DF: FEB, 2018. cap. *Reencarnação – dádiva divina*.

5   FRANCO, Divaldo Pereira. *Tramas do destino*. Pelo Espírito Manoel Philomeno de Miranda 12. ed. 3. imp. Brasília, DF: FEB, 2020. cap. 11 – A terapia da verdade.
6   KARDEC, Allan. *O evangelho segundo o espiritismo*. Trad. Evandro Noleto Bezerra. 2. ed. 10. imp. Brasília, DF: FEB, 2020. cap. 1, it. 5.
7   KARDEC, Allan. *O livro dos espíritos*. Trad. Evandro Noleto Bezerra. 4. ed. 9. imp. Brasília, DF: FEB, 2020. *Conclusão*, it. VII.
8   KARDEC, Allan. *A gênese*. Trad. Evandro Noleto Bezerra. 2. ed. 2. imp. Brasília, DF: FEB, 2019. cap. 1, it. 12.
9   FRANCO, Divaldo Pereira. *Temas da vida e da morte*. Pelo Espírito Manoel Philomeno de Miranda. 7. ed. 3. imp. Brasília, DF: FEB, 2018. cap. *Perturbação no além-túmulo*.
10   FRANCO, Divaldo Pereira. *Reencontro com a vida*. Pelo Espírito Manoel Philomeno de Miranda. Salvador, BA: LEAL, 2015. 1ª pt., cap. 13, it. O mundo espiritual, p. 111 e 112.
11   FRANCO, Divaldo Pereira. *Reencontro com a vida*. Pelo Espírito Manoel Philomeno de Miranda. Salvador, BA: LEAL, 2015. 1ª pt., cap. 13, it. O mundo espiritual, p. 110.
12   KARDEC, Allan. *A gênese*. Trad. Evandro Noleto Bezerra. 2. ed. 2. imp. Brasília, DF: FEB, 2019. cap. 1, it. 13.
13   FRANCO, Divaldo Pereira. *Sexo e obsessão*. Pelo Espírito Manoel Philomeno de Miranda. 8. ed. 3. imp. Salvador, BA: LEAL, 2019. cap. 23, p. 296 e 297.
14   KARDEC, Allan. *A gênese*. Trad. Evandro Noleto Bezerra. 2. ed. 2. imp. Brasília, DF: FEB, 2019. cap. 1, it. 16.
15   FRANCO, Divaldo Pereira. *Sexo e obsessão*. Pelo Espírito Manoel Philomeno de Miranda. 8. ed. 3. imp. Salvador, BA: LEAL, 2019. cap. 4, p. 52.
16   FRANCO, Divaldo Pereira. *Entre os dois mundos*. Pelo Espírito Manoel Philomeno de Miranda. 6. ed. 2. imp. Salvador, BA: LEAL, 2019. cap. 16, p. 170.
17   FRANCO, Divaldo Pereira. *Entre os dois mundos*. Pelo Espírito Manoel Philomeno de Miranda. 6. ed. 2. imp. Salvador, BA: LEAL, 2019. cap. 16, p. 188.
18   KARDEC, Allan. *O livro dos espíritos*. Trad. Evandro Noleto Bezerra. 4. ed. 9. imp. Brasília, DF: FEB, 2020. comentário de Kardec à q. 625.

19 FRANCO, Divaldo Pereira. *Transição planetária*. Pelo Espírito Manoel Philomeno de Miranda. 5. ed. Salvador, BA: LEAL, 2010. cap. 3, p. 39.
20 KARDEC, Allan *O evangelho segundo o espiritismo*. Trad. Evandro Noleto Bezerra. 2. ed. 10. imp. Brasília, DF: FEB, 2020. cap. 1, it. 6.
21 FRANCO, Divaldo Pereira. *Perturbações espirituais*. Pelo Espírito Manoel Philomeno de Miranda. 1. ed. 3. imp. Salvador, BA: LEAL, 2017. cap. 7, 102.
22 KARDEC, Allan *O evangelho segundo o espiritismo*. Trad. Evandro Noleto Bezerra. 2. ed. 10. imp. Brasília, DF: FEB, 2020. *Introdução*, it. II Autoridade da Doutrina Espírita: Controle universal do ensino dos Espíritos.
23 FRANCO, Divaldo Pereira. *Perturbações espirituais*. Pelo Espírito Manoel Philomeno de Miranda. 1. ed. 3. imp. Salvador, BA: LEAL, 2017. cap. 6, p. 98.
24 KARDEC, Allan *O evangelho segundo o espiritismo*. Trad. Evandro Noleto Bezerra. 2. ed. 10. imp. Brasília, DF: FEB, 2020. *Introdução*, it. II Autoridade da Doutrina Espírita: Controle universal do ensino dos Espíritos.
25 FRANCO, Divaldo Pereira. *Perturbações espirituais*. Pelo Espírito Manoel Philomeno de Miranda. 1. ed. 3. imp. Salvador, BA: LEAL, 2017. cap. 1, p. 17.
26 FRANCO, Divaldo Pereira. *Perturbações espirituais*. Pelo Espírito Manoel Philomeno de Miranda. 1. ed. 3. imp. Salvador, BA: LEAL, 2017. cap. 4, p. 50.

CAPÍTULO 3

CONHECIMENTO ESPECÍFICO DA MEDIUNIDADE

A construção de qualquer conhecimento exige estudo dos seus princípios teóricos e práticos, que são viabilizados por meio de processos educativos. O mesmo acontece com o Espiritismo, que apresenta dois fundamentos norteadores, segundo ensinamento transmitido pelo Espírito da Verdade: "Espíritas! amai-vos, este o primeiro ensinamento; instruí-vos, este o segundo [...]".[1] *Amor que é sentimento sublimado direcionado* a Deus e ao próximo, manifestado, em geral, pela vivência da caridade. *Instrução* que aprimora a inteligência pelas aquisições intelectuais, promovendo a iluminação íntima. Daí Allan Kardec ensinar: "Estudai, comparai, aprofundai. Temos dito incessantemente que o conhecimento da verdade só se obtém a esse preço [...]".[2]

A partir do momento em que o Espírito, encarnado ou desencarnado, consegue unir conhecimento à prática ético-moral, ele consegue desenvolver a fé raciocinada apregoada pelo Espiritismo, como recorda Manoel P. de Miranda: "A fé, racionalmente adquirida, responsabilizando o homem, é farol que lhe ilumina o passo em qualquer circunstância, apontando-lhe o rumo seguro por onde segue".[3]

O conhecimento da mediunidade deve abranger, de imediato, os conceitos espíritas básicos, assim como os específicos relacionados à teoria e prática mediúnica, em seguida registrados. Como passar do tempo, e perseverança nos estudos, outros aprendizados irão se somar, condição que permite ao espírita adquirir maior maturidade moral e intelectual, sobretudo se o aprendizado for exercitado na prática.

1) Estudo da mediunidade.
2) Mediunidade e médium.

3) Finalidades da mediunidade.
4) Influências espirituais.
5) A prática mediúnica espírita.

3.1 ESTUDO DA MEDIUNIDADE

O estudo deve representar o compromisso do estudante da mediunidade, independentemente tenha ele mediunidade evidente, ou não. Se deseja progredir espiritualmente, deve também perseverar no propósito de transformar-se em pessoa de bem, pelo combate as más inclinações e desenvolvimento de virtudes, tendo como referência o Evangelho de Jesus. Kardec assinala:

> A instrução espírita não compreende apenas o ensinamento moral que os Espíritos dão, mas também o estudo dos fatos. Abrange a teoria de todos os fenômenos, a pesquisa das causas e, como consequência, a comprovação do que é e do que não é possível; em suma, a observação de tudo o que possa contribuir para o avanço da Ciência. Ora, seria erro acreditar-se que os fatos se limitam aos fenômenos extraordinários; que só são dignos de atenção os que impressionam mais fortemente os sentidos. A cada passo os encontramos nas comunicações inteligentes, de modo que não podem ser desprezados por homens que se reúnem para estudar. Esses fatos, que seria impossível enumerar, surgem de uma porção de circunstâncias fortuitas. Embora menos admiráveis, não deixam de ser do mais alto interesse para o observador, que neles vai encontrar a confirmação de um princípio conhecido ou a revelação de um princípio novo, que o faz penetrar um pouco mais nos mistérios do mundo invisível. Isso também é Filosofia.[4]

Essas duas condições: conhecimento e moralidade são dois grandes recursos que o estudante da mediunidade e médiuns dispõem para servir com acerto, transformando-se em instrumento dócil à ação dos benfeitores. Além do mais, o hábito do estudo esclarece-o a respeito da diversidade de entidades espirituais, esclarecidas ou não esclarecidas, que podem influenciar a vida das pessoas, direta ou indiretamente. O estudo capacitará o médium na identificação de mistificações, orientando-o como separar a verdade da mentira. A melhoria moral lhe permite servir com dedicação e amor ao próximo.

> O esforço pelo aprimoramento interior aliado à prática do bem abre os espaços mentais à renovação psíquica, que se enriquece de valores

otimistas e positivos que se encontram no bojo do Espiritismo, favorecendo a criatura humana com alegria de viver e de servir, ao tempo que a mesma adquire segurança pessoal e confiança irrestrita em Deus, avançando sem qualquer impedimento no rumo da própria harmonia.

[...]

Cuidadosamente atendida, a mediunidade proporciona bem-estar físico e emocional, contribuindo para maior captação de energias revigorantes, que alçam a mente a regiões felizes e nobres, de onde se podem haurir conhecimentos e sentimentos inabituais, que aformoseiam o Espírito e o enriquecem de beleza e de paz.[5]

É óbvio que a Casa Espírita, consciente do papel que lhe cabe na difusão do Espiritismo, deve oferecer aos frequentadores da instituição estudos regulares e sequenciais, fundamentados no Evangelho de Jesus, nas obras codificadas por Allan Kardec, acrescidos de outras obras que guardam sintonia com essa base espírita, escritas por autores, encarnados e desencarnados.

3.2 CONCEITOS DE MÉDIUM E DE MEDIUNIDADE

Allan Kardec esclarece a respeito do assunto quando afirma:

Médium é toda pessoa que sente, num grau qualquer, a influência dos Espíritos. Essa faculdade é inerente ao homem e, por conseguinte, não constitui um privilégio exclusivo. Por isso mesmo, raras são as pessoas que não possuam alguns rudimentos dessa faculdade. Pode-se, pois, dizer que todos são mais ou menos médiuns. Usualmente, porém, essa qualificação só se aplica àqueles em quem a faculdade se mostra bem caracterizada e se traduz por efeitos patentes, de certa intensidade [...].[6]

Ante tais informações do Codificador, Manoel Philomeno de Miranda considera que a

[...] mediunidade é uma faculdade da alma, que se reveste de células no corpo, a fim de permitir a decodificação da onda do pensamento procedente de outra dimensão, a fim de torná-la de entendimento objetivo. Allan Kardec informa que se trata de uma faculdade que todos os seres humanos possuem, em diferentes graus de percepção, como uma certa predisposição orgânica, sendo raro aquele que não lhe possua qualquer rudimento. [...][7]

Prossegue em sua análise, transmitindo-nos breve e útil síntese histórica.[7]

> Considerada nas civilizações antigas, especialmente no Oriente e, mais tarde, na Grécia e em Roma, como divinatória, gozou de grande prestígio nesses períodos remotos do desenvolvimento cultural da sociedade.
>
> Com Jesus e, logo depois, durante o período primitivo da divulgação da Doutrina cristã, os apóstolos, os seus seguidores em geral e os mártires utilizaram-na em expressiva escala, mantendo o contato com o Mundo Espiritual, de onde lhes chegavam as energias e o vigor para os enfrentamentos a que eram submetidos entre as tenazes dos testemunhos dolorosos.
>
> Com a ascensão do Cristianismo e a sua funesta vinculação ao Estado, posteriormente, diminuiu de intensidade, ressurgindo numa ou noutras circunstâncias, a fim de que a flama do ideal da Verdade não se apagasse por definitivo.
>
> Durante o obscurantismo trágico da Idade Média, passou a ser perseguida tenazmente, por desmascarar a impostura e apontar os crimes hediondos praticados em nome do manso Rabi Galileu.
>
> À medida que a cultura libertou-se do tacão dogmático, a mediunidade experimentou novo campo de provas e de experiências em laboratórios, sendo considerada distúrbio psicopatológico ou mesmo degenerescência do ser humano, quando não definida como farsa ou abuso de que se utilizavam os astutos, a fim de enganar os parvos.
>
> Foi Allan Kardec, sem dúvida, quem teve a coragem de encará-la com seriedade e penetrá-la com segurança, realizando investigações audaciosas e significativas.[8]

Percebemos, então, que todos os seres humanos são médiuns, porque podem sentir, *em um grau qualquer* a influência dos Espíritos. Mas o grau de desenvolvimento ou de expressão da faculdade varia de médium para médium. Sendo assim, a percepção mediúnica pode ser sutil ou ostensiva. Quando a percepção mediúnica é muito leve, ou sutil, o medianeiro nem sempre identifica a influência de outra inteligência, supondo, em geral, que certas ideias que lhe atravessam o cérebro são produto da própria imaginação. Na mediunidade de efeitos patentes, expressão utilizada por Kardec, não há como ignorar a ação de outra mente.

Nem sempre é fácil, porém, aceitar-se a possibilidade natural da manifestação de uma entidade desencarnada. Philomeno de Miranda pondera:

Sutis ou vigorosos, alguns desses sintomas permanecem em determinadas ocasiões gerando mal-estar e dissabor, inquietação e transtorno depressivo, enquanto que, em outros momentos, surgem em forma de exaltação da personalidade, sensações desagradáveis no organismo, ou antipatias injustificáveis, animosidades mal disfarçadas, decorrência da assistência espiritual de que se é objeto.[9]

Complementa as suas ideias com lucidez:

A mediunidade é faculdade inerente a todos os seres humanos, que um dia se apresentará ostensiva mais do que ocorre no presente momento histórico.

À medida que se aprimoram os sentidos sensoriais, favorecendo com mais amplo cabedal de apreensão do mundo objetivo, amplia-se a embrionária percepção extrafísica, ensejando o surgimento natural da mediunidade.

Não poucas vezes, é detectada por características especiais que podem ser confundidas com síndromes de algumas psicopatologias que, no passado, eram utilizadas para combater a sua existência.

Não obstante, graças aos notáveis esforços e estudos de Allan Kardec, bem como de uma plêiade de investigadores dos fenômenos paranormais, a mediunidade vem podendo ser observada e perfeitamente aceita com respeito, em face dos abençoados contributos que faculta ao pensamento e ao comportamento moral, social e espiritual das criaturas.[9]

O médium, portanto, informa o Espírito Erasto, em mensagem transmitida na Sociedade Parisiense de Estudos Espíritas:

[...] É o ser, o indivíduo que serve de traço de união aos Espíritos, a fim de que estes possam comunicar-se facilmente com os homens: Espíritos encarnados. Consequentemente, sem médium não há comunicações tangíveis, mentais, escritas e físicas, seja qual for a natureza de cada uma delas.[10]

Sintetizando o tema médium e mediunidade com Philomeno de Miranda:

A mediunidade não é uma graça Divina nem um processo adivinhatório, ou ainda recurso mirabolante para saciar a sede das novidades humanas... É uma conquista adquirida através da evolução para o intercâmbio espiritual, para a iluminação de consciências e crescimento espiritual.

> Tesouro de valor inapreciável, quando bem direcionada; também representa cruz provacional, quando assinalada por sofrimentos e perturbações emocionais, assim como fisiopsíquicas.
>
> A mediunidade é faculdade da alma que no corpo se reveste do arcabouço de células para facultar a captação das ondas e vibrações sutis além da esfera física.
>
> Os médiuns, por isso mesmo, são pessoas comuns, portadoras de paranormalidade. O comportamento moral a que se impõem elege-os à felicidade ou condu-los às angústias demoradas.[11]

3.3 FINALIDADES DA MEDIUNIDADE

Todas as faculdades humanas, inclusive a mediunidade, visam um fim útil. São recursos de melhoria moral-intelectual que Deus nos concede. É por intermédio da mediunidade, faculdade psíquica humana, que os Instrutores da Vida Maior se comunicam conosco, os reencarnados, orientando e nos estimulando ao progresso. É por este motivo que a "[...] mediunidade é conferida sem distinção, a fim de que os Espíritos possam trazer a luz a todas as camadas, a todas as classes da sociedade, ao pobre como ao rico; aos retos para fortalecê-los no bem, aos viciosos para os corrigir [...]".[12]

Por outro lado, assevera Kardec:

> A mediunidade não implica necessariamente relações habituais com os Espíritos Superiores. É apenas uma *aptidão* para servir de instrumento mais ou menos maleável aos Espíritos em geral. O bom médium, pois, não é o que comunica facilmente, mas aquele que é simpático aos Espíritos bons e somente deles recebe assistência. É unicamente neste sentido que a excelência das qualidades morais se torna onipotente sobre a mediunidade.[13]

A mediunidade funciona, pois, como um dos instrumentos de progresso que Deus disponibiliza à Humanidade, mas é importante estarmos atentos à advertência de Manoel P. de Miranda:

> Considerando-se as condições de inferioridade do planeta, em razão do atraso dos seus habitantes, o Espiritismo veio demonstrar, também, os perigos que existem no exercício inconsequente da mediunidade, nos ardis incontáveis das obsessões, nos compromissos graves que devem ser assumidos por todos aqueles que tenham interesse em aprofundar os seus conhecimentos e conquistar a plenitude espiritual.
>
> [...]

> A prática saudável da mediunidade é, desse modo, um grande desafio, tendo-se tendo em vista os interesses mesquinhos que vicejam na sociedade, os comportamentos doentios, a psicosfera enfermiça que paira na Terra, condições, sem dúvida, transitórias do orbe, que também progride na escala dos mundos.
>
> Consciente das responsabilidades que lhe dizem respeito, o médium consciente de si mesmo e das lições edificantes do Espiritismo empenha-se com denodo para ser sempre melhor moralmente, esforçando-se por alcançar patamares mais elevados da evolução, sempre objetivando servir mais e melhor.[14]

Outra grande finalidade da mediunidade e da existência dos médiuns *é* a de transmitir evidências da imortalidade do Espírito e de sua sobrevivência no Além-Túmulo: "O fim providencial das manifestações espíritas é convencer os incrédulos de que tudo para o homem não se acaba com a vida terrestre, e dar aos crentes ideias mais justas sobre o futuro [...]".[15]

> Inerente a todos os homens e mulheres, pode surgir tênue e sutil, ampliando-se, à medida que o exercício bem direcionado consegue desenvolver-lhe a área psíquica de captação das mensagens.
>
> Seja, porém, sob qual aspecto se manifeste, objetiva a comprovação da imortalidade do Espírito e oferece o contributo valioso de desvendar a vida além do túmulo, propiciando a compreensão da realidade da Esfera causal, assim como as implicações do comportamento moral do indivíduo em relação a si mesmo, ao próximo e à Vida.[16]

Pela mediunidade a pessoa adquire a consciência de que a vida continua depois da morte do corpo físico, que erros podem ser corrigidos e que é possível progredir infinitamente, através das reencarnações sucessivas e das experiências adquiridas no Plano Espiritual. Encerra-se, dessa forma, o temor da morte e o amargo sentimento de perda que, em geral, acompanha a desencarnação de entes queridos.

3.4 INFLUÊNCIAS ESPIRITUAIS

O esclarecido benfeitor, Manoel Philomeno de Miranda, ensina que as influências espirituais são governadas pelos princípios da afinidade mental, naturalmente estabelecida entre indivíduos que se encontram em sintonia:

> Vivemos num Universo constituído de energia que se expressa em ondas, vibrações, mentes e ideias, condensandose em matéria e voltando ao estágio inicial incessantemente.
>
> Nele tudo vibra, pois que não existe o repouso absoluto nem o absoluto caos. Aquilo que se nos apresenta como desordem obedece a princípios fundamentais geradores de futura harmonia.
>
> Todo e qualquer movimento, emissão vibratória, por mais sutil, influencia o conjunto, nada havendo que não se encontre produzindo ressonância, à semelhança de uma sinfonia de incomparável beleza, cujo conjunto de instrumentos diferentes produz o encanto e a musicalidade perfeita [...]
>
> A cada ação sucedelhe uma reação equivalente.
>
> [...]
>
> Constata-se, desse modo, que a interrelação entre os chamados vivos e os mortos é muito maior e vigorosa do que se pensa.
>
> Graças à Lei das Afinidades, há uma poderosa atração entre os semelhantes vibratórios, especialmente no que diz respeito ao campo moral e intelectual.
>
> Conforme as aspirações íntimas e comportamentos pessoais, cada ser respira a psicosfera que emite e transita no campo vibratório que constrói.[17]

A influência dos Espíritos em nossos pensamentos e atos é fato tão corriqueiro que os Espíritos orientadores da Codificação Espírita afirmaram em *O livro dos espíritos*: *Os Espíritos influem em nossos pensamentos e em nossos atos?* "Muito mais do que imaginais, pois frequentemente são eles que vos dirigem".[18] Essa afirmação pode até surpreender, porém, se analisarmos detidamente a questão, concluiremos que outra não poderia ser a resposta, uma vez que vivemos mergulhados em extenso universo de vibrações mentais, influenciando e sendo influenciados por intermédio dos corriqueiros processos das afinidades e sintonias mentais.

A análise das influências espirituais deve ser inserida em todo estudo regular existente no Centro Espírita, em especial nos cursos de estudo e prática da mediunidade. É importante saber como ocorrem essas influências e, sobretudo, como neutralizar as más e absorver as boas. Nessa situação, podemos atrair a atenção de Espíritos benfeitores,

CAPÍTULO 3 **CONHECIMENTO ESPECÍFICO DA MEDIUNIDADE**

amigos, familiares e de outros, encarnados e desencarnados, que simpatizam ou antipatizam conosco.

Como as influências espirituais apresentam variados matizes, faz-se necessário desenvolver algum controle sobre as próprias emissões e recepções mentais, selecionando as que garantem paz e harmonia a si mesmo. Assim, vemos que as influências espirituais ocorrem de forma sutil ou intensa; oculta e perceptível apenas pelo próprio indivíduo, ou evidentes, percebidas pelos circunstantes. Neste contexto, é importante estudar os seus mecanismos, condição necessária para aprender a identificar e selecionar as boas influências ou neutralizar as que são indesejáveis.

As influências espirituais são elaboradas na mente, no mundo mental do indivíduo. Não podemos ignorar que: "A criatura humana é um ser interdimensional. A tendência materialista de torná-la um bloco compacto de massa em diferentes estados de condensação já não encontra guarida nos estudos atuais mais avançados".[19]

> Nesse infinito campo de energias em diferentes estados de manifestação vibratória, a realidade maior é o Espírito imortal, agente do corpo e por ele responsável.
>
> Advindo-lhe a desintegração das moléculas pelo fenômeno da morte ou transformação biológica, o Espírito prossegue, independente, em sintonia com os campos vibratórios nos quais se movimentou.
>
> A interferência psíquica ocorre naturalmente em processo de afinidade, permitindo que o desencarnado transmita aos seres terrestres, nos seus corpos, as ideias, os impulsos, a inspiração.
>
> Como a grande maioria desencarna em lamentável estado de fixação dos prazeres ou das mágoas, dos interesses mesquinhos ou das paixões inferiores, pululam no Mundo Espiritual os aflitos, os perturbadores, os invejosos, os infelizes...[20]

Os Espíritos se comunicam por meio do seu corpo fluídico, o perispírito, estejam eles encarnados ou não, ensina o Espiritismo:

> O perispírito é o laço que une o Espírito à matéria do corpo; ele é tirado do meio ambiente, do fluido universal [...]. É o princípio da vida orgânica, mas não o da vida intelectual, pois essa reside no Espírito.[21]
>
> Durante a sua encarnação, o Espírito atua sobre a matéria por intermédio do seu corpo fluídico ou perispírito, dando-se o mesmo quando ele não está encarnado. Como Espírito, faz o que fazia o homem, na medida de

suas capacidades; apenas, por já não ter o corpo carnal para instrumento, serve-se, quando necessário, dos órgãos materiais de um encarnado, que vem a ser o que se chama *médium*. Procede então como alguém que, não podendo escrever por si mesmo, se vale de um secretário, ou que, não sabendo uma língua, recorre a um intérprete. O secretário e o intérprete são os médiuns do encarnado, do mesmo modo que o médium é o secretário ou o intérprete de um Espírito.[22]

A mente do Espírito utiliza o perispírito como veículo das manifestações do seu pensamento e vontade, estabelecendo vinculações oriundas das afinidades e sintonias. Philomeno de Miranda esclarece, com propriedade:

> Em sua realidade estrutural, o pensamento é neutro, canalizando a força de que se constitui conforme o direcionamento que lhe seja dado.
>
> Conseguindo plasmar as ideias que assumem expressões transitórias, aureola-se de energias saudáveis, quando cultiva o amor, as aspirações de enobrecimento, o bem.
>
> Da mesma forma, reveste-se de miasmas que configuram expressões angustiantes, tormentosas.
>
> O pensamento é energia dinâmica em contínua movimentação.
>
> Irradiação dos equipamentos mentais, executa ações que se tornam somatizadas pelo organismo, tanto para o equilíbrio quanto para a desordem emocional e celular, abrindo espaço, nesse último caso, para a instalação de muitas enfermidades.[23]

Neste sentido, as boas e más influências espirituais decorrem das boas ou más vinculações mentais. Nem sempre, contudo, é fácil neutralizar as influências provenientes de Espíritos perturbados ou dos perturbadores. Não é fácil porque, a despeito de informados a respeito do assunto, a imperfeição moral que ainda caracteriza a maioria dos habitantes do planeta, favorece tais tipos de sintonias. Somente o esforço persistente de superar as próprias imperfeições pela prática incessante no Bem, aliado ao conhecimento das causas e mecanismos geradores, terão o poder de atrair bons Espíritos e deles receber a boa assistência espiritual.

> Orientado de forma saudável, [o pensamento] atua no seu campo vibratório de maneira compensadora, qual ocorre nos casos das autoterapias pela oração, meditação, visualização ou através dos medicamentos placebos que, absorvidos em clima de confiança, produzem efeitos maravilhosos.
>
> [...]

Desse modo, ao lado da oração é indispensável a renovação interior para melhor, conduzindo à ação caridosa, dignificadora, responsável pelo crescimento espiritual do ser.

Sem olvidar-se o estudo do Espiritismo, que é o mais completo tratado de psicoterapia que se encontra à disposição, aquele que deseja uma existência saudável deve iniciar o esforço pelo conseguir, pensando na forma correta, otimista, confiante, para viver em paz construindo a sociedade harmônica, parte integrante do anseio de todos os homens e mulheres de bem.[24]

3.5 A PRÁTICA MEDIÚNICA ESPÍRITA

A prática mediúnica espírita deve conferir segurança, confiabilidade e respeitabilidade não apenas aos membros da equipe encarnada e aos orientadores do Plano Espiritual, mas a todos os trabalhadores da Casa Espírita. A seriedade aliada à simplicidade confere à reunião mediúnica indicativos de que o intercâmbio entre os dois planos da vida *é algo* natural, em que as práticas místicas, idólatras, ritualísticas ou com manifestações de cultos externos *não têm espaço*:

> Consciente das responsabilidades que lhe dizem respeito, o médium consciente de si mesmo e das lições edificantes do Espiritismo empenha-se com denodo para ser sempre melhor moralmente, esforçando-se por alcançar patamares mais elevados da evolução, sempre objetivando servir mais e melhor.[25]

Para se chegar a essa compreensão é importante que os participantes da reunião mediúnica apresentem boa base de conhecimento espírita somada ao esforço da própria transformação moral. Eis o que Kardec orienta a respeito:

> A instrução espírita não compreende apenas o ensinamento moral que os Espíritos dão, mas também o estudo dos fatos. Abrange a teoria de todos os fenômenos, a pesquisa das causas e, como consequência, a comprovação do que é e do que não é possível; em suma, a observação de tudo o que possa contribuir para o avanço da Ciência. [...].[26]

Com base nessas orientações, Manoel P. de Miranda indica qual o caminho que o médium e demais participantes da reunião mediúnica devem seguir:

> Somente através do conhecimento lúcido e lógico da mediunidade, mediante o estudo de *O livro dos médiuns* de Allan Kardec, é que se

> deve permitir o candidato à educação da sua faculdade, ao aprimoramento pessoal, iniciando, então, o exercício dessa *disposição orgânica* profundamente arraigada nos valores morais do Espírito.
>
> Uma das primeiras providências a ser tomada em relação a esse programa iluminativo diz respeito à autoanálise que se deve propor o interessado, trabalhando as imperfeições do caráter, os conflitos comportamentais, lutando pela transformação moral para melhor no seu mundo interior.
>
> [...]
>
> Quanto mais esclarecida a pessoa se encontra, mais facilmente observa as imperfeições que possui, dando-se conta de que necessita ampliar o esforço, a fim de as superar. [...].[27]

A reunião mediúnica é uma atividade privativa, na qual se realiza assistência aos Espíritos necessitados, integrada por trabalhadores que possuem boa formação doutrinária do Espiritismo e da mediunidade, especificamente; conduta moral compatível com a seriedade da tarefa e condições psicoemocionais favoráveis. Assinala o benfeito Philomeno de Miranda:

> A atividade mediúnica, por isso mesmo, constitui oportunidade abençoada para o aperfeiçoamento intelecto moral do indivíduo, que se permitiu dislates em reencarnações anteriores, comprometendo-se em lamentáveis situações espirituais. [...].[28]

Allan Kardec pondera com o bom senso que lhe era característico:

> As reuniões espíritas podem oferecer grandes vantagens, por permitirem que as pessoas que nelas tomam parte se esclareçam, mediante a troca de ideias, pelas perguntas e observações que façam entre si, das quais todos aproveitam. Mas, para que produzam todos os frutos desejados, requerem condições especiais que vamos examinar, pois procederia mal quem as comparasse às reuniões comuns. Aliás, sendo cada reunião um todo coletivo, o que lhe diz respeito decorre naturalmente das instruções precedentes. Como tal, com ela devemos tomar as mesmas precauções e preservá-las das mesmas dificuldades que os indivíduos isoladamente [...].[29]

Com base em suas observações e informações que lhe chegavam de diferentes locais no mundo, o Codificador classifica as reuniões mediúnicas em três tipos: *frívolas, experimentais* e *instrutivas*. Passados mais de cento e cinquenta anos da publicação de *O livro dos médiuns*, essa classificação mantém-se atualíssima. Vamos analisá-la, ainda que brevemente.

3.5.1 REUNIÕES FRÍVOLAS:[30]

As reuniões frívolas se compõem de pessoas que só veem o lado divertido das manifestações e que se divertem com os gracejos dos Espíritos levianos. Esses as apreciam bastante e a elas não faltam, por aí gozarem de inteira liberdade para se exibirem. São nessas reuniões que se perguntam banalidades de toda sorte, que se pede aos Espíritos a predição do futuro [...] e mil outras coisas sem importância.

[...] Diz o simples bom senso que os Espíritos elevados não comparecem às reuniões desse gênero, em que os espectadores não são mais sérios do que os atores. Quem queira ocupar-se com coisas fúteis deve naturalmente chamar Espíritos levianos, do mesmo modo que para divertir uma sociedade chamaria palhaços [...].

3.5.2 REUNIÕES EXPERIMENTAIS[31]

[...] têm por finalidade, mais particularmente, a produção de manifestações físicas. Para muitas pessoas, é um espetáculo mais curioso do que instrutivo. Os incrédulos saem delas mais admirados do que convencidos [...]. Apesar disso, as experiências dessa ordem trazem uma utilidade que ninguém ousaria negar, já que foram elas que levaram à descoberta das leis que regem o mundo invisível e, para muita gente, constituem poderoso meio de convicção. Sustentamos, porém, que só por si elas são incapazes de iniciar uma pessoa na ciência espírita, do mesmo modo que a simples inspeção de um engenhoso mecanismo não torna conhecida a mecânica de quem não conheça suas leis. Contudo, se fossem dirigidas com método e prudência, dariam resultados muito melhores. [...].

3.5.3 REUNIÕES INSTRUTIVAS[32]

As *reuniões instrutivas* apresentam caráter muito diverso e, como são aquelas em que se pode colher o verdadeiro ensino [...].

A primeira de todas é que sejam sérias, na completa acepção da palavra. É imperioso que todos se convençam de que os Espíritos a quem desejam dirigir-se são de natureza especialíssima; que, não podendo o sublime aliar-se ao trivial, nem o bem ao mal, quem quiser obter boas coisas precisa dirigir-se a Espíritos bons. Não basta, porém, que se evoquem Espíritos bons; é preciso, como condição expressa, que os assistentes estejam em condições propícias, para que os Espíritos bons *consintam* em vir. Ora, Espíritos Superiores não comparecem a reuniões de homens levianos e superficiais, assim como jamais compareceriam quando encarnados.

Uma reunião só é verdadeiramente séria quando se ocupa de coisas úteis, com exclusão de todas as demais [...] Numa palavra, qualquer que seja o caráter de uma reunião, haverá sempre Espíritos dispostos a secundar as tendências dos que a componham. Assim, pois, uma reunião séria se afasta do seu objetivo toda vez que o ensino é substituído pelo divertimento. [...]

A prática espírita deve ser conduzida com seriedade, sob quaisquer aspectos, como assinala o Codificador:

[...] as reuniões de estudo são de grande utilidade para os médiuns de manifestações inteligentes, sobretudo para aqueles que desejam seriamente aperfeiçoar-se e que a elas não compareçam dominados pela tola presunção de infalibilidade. Como já tivemos ocasião de dizer, uma das grandes dificuldades da mediunidade é a *obsessão* e a *fascinação*. Eles, pois, podem iludir-se de muita boa--fé sobre o mérito do que alcançam [...]. É por essa razão que afastam o seu médium de toda fiscalização; que chegam mesmo, se for preciso, a fazê-lo tomar aversão a quem quer que possa esclarecê-lo. Graças ao isolamento e à fascinação, conseguem sem dificuldade levá-lo a aceitar o que quiserem.[33]

Por outro lado, Manoel Philomeno enfatiza:

Todo cuidado deve ser tomado pelo *médium sério*, que deseja manter-se em equilíbrio a serviço da Vida, evitando sevícias morais produzidas pelos Espíritos inferiores que buscarão atormentá-lo, disparando-lhe contínuos e bem direcionados dardos mentais capazes de lhe prejudicarem a saúde física, o comportamento, a emoção e a mente.

Nesse sentido, a vigilância, a oração e o cultivo dos bons pensamentos constituem-lhe recursos valiosos que não podem ser desconsiderados, ao lado do trabalho perseverante dedicado à edificação em favor do seu próximo, num como no outro plano da vida.[34]

A essas considerações do Codificador, Manoel P. de Miranda acrescenta:

[...] A ação mental de um agente sobre outro indivíduo, se este não possui defesas e resistências específicas, termina por perturbar-lhe o campo perispiritual, abrindo brechas para a instalação de várias doenças ou a absorção de vibrações negativas, gerando lamentáveis dependências.

[...] A emissão da onda mental invejosa, cobiçosa, inamistosa prende o emitente ao receptor, transformando-se em uma forma não menos cruel de obsessão. O agente não consegue desvincular-se da vítima e essa, aturdida ou enferma, desequilibrada ou desvitalizada, não logra recompor a paisagem íntima nem a orgânica de bem-estar, alegria e saúde. Quantos desencarnados pululam vinculados uns aos outros em deplorável *parasitose psíquica*, a alongar-se por largos períodos de infelicidade! Quantos outros que, sofrendo as exigências mentais dos amores e desafetos terrenos que continuam direcionando seus pensamentos com altas cargas de tensões negativas sobre eles, incapazes de libertar-se, tornam-se-lhes vítimas inermes, padecendo atrozmente, sem conforto íntimo nem esperança, atormentados pelos apelos que recebem e não podem atender, bem como pelos ódios que os envenenam! [...].[35]

REFERÊNCIAS

1   KARDEC, Allan. *O evangelho segundo o espiritismo*. Trad. Evandro Noleto Bezerra. 2. ed. 10. imp. Brasília, DF: FEB, 2020. cap. 6, it. 5.

2   KARDEC, Allan. *O livro dos médiuns*. Trad. Evandro Noleto Bezerra. 2. ed. 6. imp. Brasília, DF: FEB, 2020. 2ª pt., cap. 27, it. 301, perg. 4.

3   FRANCO, Divaldo Pereira. *Temas da vida e da morte*. Pelo Espírito Manoel Philomeno de Miranda. 7. ed. 3. imp. Brasília, DF: FEB, 2018. cap. *Destino e responsabilidade*.

4   KARDEC, Allan. *O livro dos médiuns*. Trad. Evandro Noleto Bezerra. 2. ed. 9. imp. Brasília, DF: FEB, 2022. 2ª pt., cap. 24, it. 328.

5   FRANCO, Divaldo Pereira. *Reencontro com a vida*. Pelo Espírito Manoel Philomeno de Miranda. Salvador, BA: LEAL, 2015. 1ª pt., cap. 8, p. 74 e 75.

6   FRANCO, Divaldo Pereira. *Mediunidade*: desafios e bênçãos. Pelo Espírito Manoel Philomeno de Miranda. 1. ed. 5. imp. Salvador, BA: LEAL, 2012. cap. *Mediunidade: desafios e bênçãos*, p. 7.

7   FRANCO, Divaldo Pereira. *Mediunidade*: desafios e bênçãos. Pelo Espírito Manoel Philomeno de Miranda. 1. ed. 5. imp. Salvador, BA: LEAL, 2012. cap. *Mediunidade: desafios e bênçãos*, p. 7 e 8.

8   FRANCO, Divaldo Pereira. *Reencontro com a vida*. Pelo Espírito Manoel Philomeno de Miranda. Salvador, BA: LEAL, 2015. 1ª pt., cap. 8, p. 69 e 70.

9   FRANCO, Divaldo Pereira. *Reencontro com a vida*. Pelo Espírito Manoel Philomeno de Miranda. Salvador, BA: LEAL, 2015. 1ª pt., cap. 8, p. 69.
10 KARDEC, Allan. *O livro dos médiuns*. Trad. Evandro Noleto Bezerra. 2. ed. 6. imp. Brasília, DF: FEB, 2020. 2ª pt., cap. 22, it. 326.
11 FRANCO, Divaldo Pereira. *Mediunidade*: desafios e bênçãos. Pelo Espírito Manoel Philomeno de Miranda. 1. ed. 5. imp. Salvador, BA: LEAL, 2012. cap. 5, p. 50 e 51.
12 KARDEC, Allan. *O evangelho segundo o espiritismo*. Trad. Evandro Noleto Bezerra. 2. ed. 10. imp. Brasília, DF: FEB, 2020. cap. 24, it. 12.
13 KARDEC, Allan. *O evangelho segundo o espiritismo*. Trad. Evandro Noleto Bezerra. 2. ed. 10. imp. Brasília, DF: FEB, 2020. cap. 24, it. 12.
14 FRANCO, Divaldo Pereira. *Mediunidade*: desafios e bênçãos. Pelo Espírito Manoel Philomeno de Miranda. 1. ed. 5. imp. Salvador, BA: LEAL, 2012. *Mediunidade: desafios e bênçãos*, p. 10 e 11.
15 KARDEC, Allan. *O que é o espiritismo*. Trad. Redação de *Reformador* em 1884. 56. ed. 7. imp. Brasília, DF: FEB, 2019. cap. 2, it. 50 Fim providencial das manifestações espíritas.
16 FRANCO, Divaldo Pereira. *Mediunidade*: desafios e bênçãos. Pelo Espírito Manoel Philomeno de Miranda. 1. ed. 5. imp. Salvador, BA: LEAL, 2012. cap. 6, p. 57 e 58.
17 FRANCO, Divaldo Pereira. *Perturbações espirituais*. Pelo Espírito Manoel Philomeno de Miranda. 1. ed. 3. imp. Salvador, BA: LEAL, 2017. *Perturbações espirituais*, p. 7, 8 e 9.
18 KARDEC, Allan. *O livro dos espíritos*. Trad. Evandro Noleto Bezerra. 4. ed. 9. imp. Brasília, DF: FEB, 2020. q. 459.
19 FRANCO, Divaldo Pereira. *Mediunidade*: desafios e bênçãos. Pelo Espírito Manoel Philomeno de Miranda. 1. ed. 5. imp. Salvador, BA: LEAL, 2012. cap. 6, p. 60.
20 FRANCO, Divaldo Pereira. *Mediunidade*: desafios e bênçãos. Pelo Espírito Manoel Philomeno de Miranda. 1. ed. 5. imp. Salvador, BA: LEAL, 2012. cap. 6, p. 62.
21 KARDEC, Allan. *O livro dos espíritos*. Trad. Evandro Noleto Bezerra. 4. ed. 9. imp. Brasília, DF: FEB, 2020. comentário de Kardec à q. 257.
22 KARDEC, Allan. *A gênese*. Trad. Evandro Noleto Bezerra. 2. ed. 2. imp. Brasília, DF: FEB, 2019. cap. 13, it. 5.

23 FRANCO, Divaldo Pereira. *Mediunidade*: desafios e bênçãos. Pelo Espírito Manoel Philomeno de Miranda. 1. ed. 5. imp. Salvador, BA: LEAL, 2012. cap. 4, p. 41.
24 FRANCO, Divaldo Pereira. *Mediunidade*: desafios e bênçãos. Pelo Espírito Manoel Philomeno de Miranda. 1. ed. 5. imp. Salvador, BA: LEAL, 2012. cap. 4, p. 41 a 44.
25 FRANCO, Divaldo Pereira. *Mediunidade*: desafios e bênçãos. Pelo Espírito Manoel Philomeno de Miranda. 1. ed. 5. imp. Salvador, BA: LEAL, 2012. *Apresentação*, p. 11.
26 KARDEC, Allan. *O livro dos médiuns*. Trad. Evandro Noleto Bezerra. 2. ed. 6. imp. Brasília, DF: FEB, 2020. 2ª pt., cap. 29, it. 328.
27 FRANCO, Divaldo Pereira. *Mediunidade*: desafios e bênçãos. Pelo Espírito Manoel Philomeno de Miranda. 1. ed. 5. imp. Salvador, BA: LEAL, 2012. cap. 7, p. 69.
28 FRANCO, Divaldo Pereira. *Mediunidade*: desafios e bênçãos. Pelo Espírito Manoel Philomeno de Miranda. 1. ed. 5. imp. Salvador, BA: LEAL, 2012. cap. 10, p. 83.
29 KARDEC, Allan. *O livro dos médiuns*. Trad. Evandro Noleto Bezerra. 2. ed. 6. imp. Brasília, DF: FEB, 2020. 2ª pt., cap. 29, it. 328.
30 KARDEC, Allan. *O livro dos médiuns*. Trad. Evandro Noleto Bezerra. 2. ed. 6. imp. Brasília, DF: FEB, 2020. 2ª pt., cap. 29, it. 325.
31 KARDEC, Allan. *O livro dos médiuns*. Trad. Evandro Noleto Bezerra. 2. ed. 6. imp. Brasília, DF: FEB, 2020. 2ª pt., cap. 29, it. 326.
32 KARDEC, Allan. *O livro dos médiuns*. Trad. Evandro Noleto Bezerra. 2. ed. 6. imp. Brasília, DF: FEB, 2020. 2ª pt., cap. 29, it. 327.
33 KARDEC, Allan. *O livro dos médiuns*. Trad. Evandro Noleto Bezerra. 2. ed. 6. imp. Brasília, DF: FEB, 2020. 2ª pt., cap. 29, it. 329.
34 FRANCO, Divaldo Pereira. *Mediunidade*: desafios e bênçãos. Pelo Espírito Manoel Philomeno de Miranda. 1. ed. 5. imp. Salvador, BA: LEAL, 2012. cap. 8, p. 74.
35 FRANCO, Divaldo Pereira. *Trilhas da libertação*. Pelo Espírito Manoel Philomeno de Miranda. 10. ed. 3. imp. Brasília, DF: FEB, 2014. cap. *Perspectivas novas*.

CAPÍTULO 4

INTEGRAÇÃO NA CASA ESPÍRITA E ENCAMINHAMENTO À REUNIÃO MEDIÚNICA

4.1 A INTEGRAÇÃO NA CASA ESPÍRITA

O espírita que faz parte da reunião mediúnica deve estar integrado em outras atividades da Casa Espírita, a fim de que possa desenvolver o sentimento de pertencimento a um grupo social, e se sinta e aja como trabalhador da instituição, onde coopera de forma voluntária e gratuita.

> No que concerne, porém, às reuniões espíritas mediúnicas, defrontamos compromisso bastante diferenciado no que diz respeito à investigação pura e simples.
>
> Programadas pela Espiritualidade, são constituídas por um grupo de pessoas sérias, assíduas e conscientes do seu significado, comprometidas com a ação da caridade em forma de terapêutica eficiente para os desencarnados em aflição.[1]

Para tanto, deve escolher, na medida do possível, atividades que revele maior sintonia ou inclinação e que sirva de apoio à sua atuação no grupo mediúnico. Como ilustração, lembramos que os médiuns esclarecedores (dialogadores ou doutrinadores) podem usar de suas habilidades junto aos Espíritos que se manifestam na reunião mediúnica para realizarem o atendimento espiritual, sobretudo o diálogo fraterno. Os médiuns podem integrar-se nas reuniões de estudo como facilitadores do aprendizado ou como palestrantes nas reuniões públicas evangélico-doutrinárias, oportunidades que mantém atualizado o conhecimento espírita. A equipe de apoio do grupo mediúnico pode cooperar na transmissão do passe e nas reuniões de irradiação mental.

O dirigente da reunião mediúnica pode assumir tarefas administrativas no Centro Espírita etc.

Importa destacar, contudo, que os membros da equipe mediúnica, sem exceção, devem realizar alguma atividade de assistência e promoção social em benefício de nossos irmãos em humanidade que se encontram em situação de vulnerabilidade social, muitos dos quais se encontram em estado de graves sofrimentos. Jamais podemos esquecer que a bandeira do Espiritismo é: *Fora da caridade não há salvação* (*O evangelho segundo o espiritismo*, cap. XV) e que o Mestre Nazareno propôs a seguinte norma de conduta humana, como condição de felicidade: *Amarás o Senhor, teu Deus, de todo o teu o coração, de toda a tua alma e de todo o teu espírito. Esse é o maior e o primeiro mandamento. O segundo é semelhante a esse: Amarás teu próximo como a ti mesmo. Desses dois mandamentos dependem toda a Lei e os profetas.* (Mt 22:37 a 40.)[2]

O Centro Espírita é um núcleo de trabalho voltado para o estudo, a prática e a divulgação da Doutrina Espírita, à luz do Evangelho de Jesus, que permite, através da união fraterna e práticas de amor ao próximo, contribuir para a construção de um mundo melhor:

> O exercício mediúnico, por outro lado, não pode ficar adstrito aos breves espaços em que se realizam as reuniões semanais especializadas, porque, sendo orgânica a faculdade, se é médium em todos os dias e em todos os momentos, durante o período em que permaneçam os recursos dessa natureza.[3]

4.2 ENCAMINHAMENTO À REUNIÃO MEDIÚNICA

É de grande relevância que todos os participantes do grupo mediúnico tenham base doutrinária espírita, em especial através de *O livro dos médiuns*. Quanto ao iniciante, que ainda integra os estudos mediúnicos, mas com mediunidade aflorada, deve ser encaminhado ao setor ou pessoa responsável pela área da mediunidade do Centro Espírita para atendê-lo e analisar com serenidade e bom senso se é deve, ou não, encaminhá-lo à reunião mediúnica, ainda que permaneça alinhado ao estudo da mediunidade.

Os primeiros sinais e sintomas do afloramento da mediunidade são, na maioria dos casos, de difícil compreensão, tais como:

instabilidade e insegurança emocionais, sudorese, distúrbio do sono ou insônia, e visão de seres ou vultos extracorpóreos. Essa visão ou percepção acontece na mediunidade ostensiva, mas pode estar relacionada a outros fatores (enfermidades, usos de substâncias psicoativas etc.). Em razão dessa mudança comportamental, às vezes manifestada por um quadro bem mais amplo, considerado como fora dos padrões usuais, Allan Kardec perguntou aos Espíritos orientadores da Codificação Espírita: *A faculdade mediúnica é indício de um estado patológico qualquer ou simplesmente de um estado anormal?* A resposta transmitida foi: "Anormal, às vezes, mas não patológico. Há médiuns de saúde perfeita; os doentes o são por outras causas".[4]

Existe, ainda, uma equivocada impressão a respeito da mediunidade como assinala o benfeitor Manoel Philomeno de Miranda:

> Visão incorreta a respeito dos médiuns possuem aqueles que do Espiritismo conhecem apenas as informações e conceitos equivocados, sem estrutura de lógica nem contribuição racional.
>
> Adotando ideias fantasiosas que primam pela ingenuidade da crença no sobrenatural, pensam que os médiuns são mulheres e homens especiais, portadores de dons e de poderes que os capacitariam a solucionar quaisquer problemas e dificuldades que lhes sejam apresentados.[5]

Na verdade, esclarece o orientador espiritual, os médiuns são pessoas normais que apresentam, apenas, maior sensibilidade psíquica:

> A mediunidade não é uma graça divina, nem um processo adivinhatório, ou ainda recurso mirabolante para saciar a sede das novidades humanas... É uma conquista adquirida através da evolução para o intercâmbio espiritual, para a iluminação de consciências e crescimento espiritual [...].
>
> Os médiuns, por isso mesmo, são pessoas comuns, portadoras de paranormalidade. O comportamento moral a que se impõem elege-os à felicidade ou condu-los às angústias demoradas.
>
> O conhecimento do Espiritismo aclara esse conceito incorreto a respeito dos médiuns, assim como de inumeráveis questões que podem ser esclarecidas e demitizadas, facultando mais amplo entendimento sobre a vida e o seu precioso significado.[6]

Há, pois, necessidade de verificar se há evidente imaturidade doutrinária (escasso conhecimento espírita) e condições emocionais

CAPÍTULO 4 INTEGRAÇÃO NA CASA ESPÍRITA E ENCAMINHAMENTO À REUNIÃO MEDIÚNICA

e/ou psicológicas impeditivas do acesso imediato à reunião mediúnica, independentemente do nível de escolaridade do médium, que não é fator limitante. Justifica-se, portanto, analisar caso a caso, com atenção e fraternidade.

Se após a análise fraterna, os responsáveis pelo estudo da mediunidade e do grupo mediúnico, respectivamente, optarem para o encaminhamento do médium com a faculdade mediúnica aflorada à reunião, devem-se manter atentos à integração do novo participante na Casa Espírita, esclarecendo-o como fazer:

» Participar de uma das palestras evangélico-doutrinárias do Centro Espírita;

» Integrar-se em uma das atividades existentes na Casa Espírita, compatível com o interesse e perfil;

» Realizar reunião do Evangelho no Lar, pelo menos uma vez por semana, com a família ou a sós;

» Participar de seminários e outros estudos espíritas, sobretudo os relacionados à temática mediunidade.

» Torná-lo ciente de que o

> [...] exercício da mediunidade requer atenção e disciplina íntima, perseverança e assiduidade no exercício, estudo cuidadoso da Doutrina, da faculdade e de si mesmo, a fim de alcançar as finalidades superiores a que a mesma se destina.[7]

Manoel Philomeno e Miranda ainda assinala, de forma muito oportuna, que os momentos iniciais do exercício mediúnico apresentam, por vezes, dificuldades que, no transcorrer da prática, executada de forma benéfica e sadia, atenuam-se, naturalmente:

> [...] o período inicial de educação mediúnica sempre se dá sob ações tormentosas. O médium, geralmente, é Espírito endividado em si mesmo, com vasta cópia de compromissos a resgatar, quanto a desdobrar, trazendo *matrizes* que facultam o acoplamento de mentes perniciosas do Além-Túmulo, que o impelem ao trabalho de autoburilamento, quanto ao exercício da caridade, da paciência e do amor para com os mesmos. Além disso, em considerando os seus débitos, vincula-se aos *cobradores* que o não querem perder de vista, sitiando-lhe a casa mental, afligindo-o com o recurso de um campo precioso e vasto,

qual é a percepção mediúnica, tentando impedir-lhe o crescimento espiritual, mediante o qual lograria libertar-se do jugo infeliz. Criam armadilhas, situações difíceis, predispõem mal aquele que os sofrem, cercam-no de incompreensões, porque vivem em diferente faixa vibratória, peculiar, diversa dos que não possuem disposições medianímicas.

É um calvário abençoado a fase inicial do exercício e desdobramento da mediunidade. Outrossim, esse é o meio de ampliar, desenvolver o treinamento do sensitivo, que aprende a discernir o tom psíquico dos que o acompanham, em espírito, tomando conhecimento das *leis dos fluidos* e armando-se de resistência para combater as *más inclinações* que são os ímãs a atrair os que se encontram em estado de Erraticidade inferior.[8]

De forma enfática, conclui:

Ninguém, no campo da mediunidade nobre, que não experimente esse período de testemunhos silenciosos, em que a oração, o estudo e a meditação fazem-se indispensáveis para resguardar o iniciante, ao mesmo tempo pela ação do bem com que se faz respeitado, inclusive, pelos seus adversários ocultos.[9]

As aflições e obstáculos, comuns à prática mediúnica, fazem parte do planejamento reencarnatório, mas a Bondade e Misericórdia Divinas sempre alcançam a todos, confiante neste ensinamento do Cristo: *Bem-aventurados os aflitos porque serão consolados* (Mt 5:4). E mais: com o entendimento da causa dos sofrimentos, o espírita se sente fortalecido e predisposto a vencer os obstáculos da vida.

[...] O Espiritismo mostra a causa dos sofrimentos nas existências anteriores e na destinação da Terra, em que o homem expia o seu passado. Mostra o objetivo dos sofrimentos como crises salutares que levam à cura e como meio de depuração que garante a felicidade nas existências futuras. O homem compreende que mereceu sofrer e acha justo o sofrimento. [...].[10]

O benfeitor Miranda, arremata, ponderado e iluminado, ao esclarecer o novo trabalhador da mediunidade e do grupo mediúnico na Casa Espírita:

A mediunidade é, entretanto, instrumento de serviço que, à luz da Doutrina Espírita, se transforma em mecanismo de promoção e dignificação moral-espiritual do próprio medianeiro. Quanto mais serve o médium educado nas lides espíritas, mais se aprimora e se felicita com amplas percepções.

O intercâmbio com os Espíritos infelizes e perversos, nos serviços especializados, de forma alguma gera prejuízo para o indivíduo portador de mediunidade ou para as suas faculdades. Ao contrário, fá-lo granjear méritos e amigos que o aguardarão, reconhecidos, posteriormente, quando lhe ocorrer também a desencarnação.[11]

REFERÊNCIAS

1 FRANCO, Divaldo Pereira. *Reencontro com a vida*. Pelo Espírito Manoel Philomeno de Miranda. Salvador, BA: LEAL, 2015. 1ª pt., cap. 18, p. 141.

2 BÍBLIA DE JERUSALÉM. Coord. da edição em língua portuguesa: Gilberto da Silva Gorgulho; Ivo Storniolo e Ana Flora Anderson. Diversos tradutores. Nova ed., rev. e ampl. São Paulo: Paulus, 2019. *Evangelho segundo Mateu*s, 22:37-40, p. 1.744.

3 FRANCO, Divaldo Pereira. *Mediunidade*: desafios e bênçãos. Pelo Espírito Manoel Philomeno de Miranda. 1. ed. 5. imp. Salvador, BA: LEAL, 2012. cap. 8, p. 72.

4 KARDEC, Allan. *O livro dos médiuns*. Trad. Evandro Noleto Bezerra. 2. ed. 6. imp. Brasília, DF: FEB, 2020. 2ª pt., cap. 17, it. 221, perg. 1.

5 FRANCO, Divaldo Pereira. *Mediunidade*: desafios e bênçãos. Pelo Espírito Manoel Philomeno de Miranda. 1. ed. 5. imp. Salvador, BA: LEAL, 2012. cap. 5, p. 49.

6 FRANCO, Divaldo Pereira. *Mediunidade*: desafios e bênçãos. Pelo Espírito Manoel Philomeno de Miranda. 1. ed. 5. imp. Salvador, BA: LEAL, 2012. cap. 5, p. 51 e 52.

7 FRANCO, Divaldo Pereira. *Nas fronteiras da loucura*. Pelo Espírito Manoel Philomeno de Miranda. 16. ed. 3. imp. Salvador, BA: LEAL, 2019. cap. 23, p. 213.

8 FRANCO, Divaldo Pereira. *Nas fronteiras da loucura*. Pelo Espírito Manoel Philomeno de Miranda. 16. ed. 3. imp. Salvador, BA: LEAL, 2019. cap. 23, p. 211 e 212.

9 FRANCO, Divaldo Pereira. *Nas fronteiras da loucura*. Pelo Espírito Manoel Philomeno de Miranda. 16. ed. 3. imp. Salvador, BA: LEAL, 2019. cap. 23, p. 212.

10 KARDEC, Allan. *O evangelho segundo o espiritismo*. Trad. Evandro Noleto Bezerra. 2. ed. 10. imp. Brasília, DF: FEB, 2020. cap. 6, it. 4.

11 FRANCO, Divaldo Pereira. *Temas da vida e da morte*. Pelo Espírito Manoel Philomeno de Miranda. 7. ed. 3. imp. Brasília, DF: FEB, 2018. cap. *Enfermagem espiritual libertadora*.

CAPÍTULO 5

O PERFIL DO TRABALHADOR DA MEDIUNIDADE

A Doutrina Espírita é para muitos uma novidade. Mas, na Casa Espírita, os trabalhadores mais antigos já possuem conhecimentos suficientes, obtidos através do estudo, a respeito da imortalidade e individualidade da alma, assim como as influências que os Espíritos exercem no plano físico.

Em *O livro dos médiuns,* no capítulo que trata das *Reuniões e Sociedades Espíritas,* Allan Kardec declara: "As *reuniões instrutivas* apresentam caráter muito diverso e, como são aquelas em que se pode colher o verdadeiro ensino, insistiremos especialmente sobre as condições em que devem realizar-se".[1] Enfaticamente, o Codificador assim se exprime:

> [...] A primeira de todas é que sejam sérias, na integral acepção da palavra. Importa se persuadam todos que os Espíritos cujas manifestações se desejam são de natureza especialíssima; que, não podendo o sublime aliar-se ao trivial, nem o bem ao mal, quem quiser obter boas coisas precisa dirigir-se a bons Espíritos [...].[1]

> [...] Toda reunião espírita deve, pois, tender para a maior homogeneidade possível. Está entendido que falamos das em que se deseja chegar a resultados sérios e verdadeiramente úteis. Se o que se quer é apenas obter comunicações, sejam estas quais forem, sem nenhuma atenção à qualidade dos que as deem, evidentemente desnecessárias se tornam todas essas precauções; mas, então, ninguém tem que se queixar da qualidade do produto.[2]

É importante recordar que, com a morte do corpo físico, pela desencarnação, o Espírito retorna ao mundo dos Espíritos, sem perda da sua individualidade, como consta em *O livro dos espíritos,* questões 149 a 150-b, aqui reproduzidas como lembrete:[3]

> **Questão 149:** *Em que se torna a alma no instante da morte?* Resposta: "Volta a ser Espírito, isto é, retorna ao mundo dos Espíritos, que havia deixado momentaneamente."

> **Questão 150:** *Após a morte, a alma conserva a sua individualidade?* Resposta: "Sim; jamais a perde. Que seria ela, se não a conservasse?"

> **Questão 150-a:** *Como a alma constata a sua individualidade, uma vez que não tem mais o corpo material?* Resposta: "Ela tem ainda um fluido que lhe é próprio, haurido na atmosfera do seu planeta e que representa a aparência de sua última encarnação: seu perispírito."

> **Questão 150-b:** *A alma nada leva consigo deste mundo?* Resposta: "Nada, a não ser a lembrança, o desejo de ir para um mundo melhor. Essa lembrança é cheia de doçura ou de amargor, conforme o emprego que haja feito da vida. Quanto mais pura for, tanto melhor compreenderá a futilidade do que deixa na Terra."

Como o Espírito desencarnado levará para nova moradia lembranças de doçura ou amargura, conforme os atos cometidos (q. 150-b), o aprendiz e trabalhador da mediunidade essa verdade devem estar atentos a essa questão, visto que manifestarão na reunião mediúnica Espíritos de diferentes níveis de conhecimento intelecto-moral.

Por compreender os desafios que implicam a realização de reunião mediúnica séria e instrutiva, o Codificador aprofunda sua orientação quando afirma: "[...] O verdadeiro espírita jamais deixará de fazer o bem. Há corações aflitos a aliviar, consolações a dispensar, desesperos a acalmar, reformas morais a operar. Essa é sua missão e aí ele encontrará a verdadeira satisfação [...]".[4]

O benfeitor Manoel Philomeno de Miranda contribui grandemente com orientação Kardequiana ao apresentar as seguintes considerações:

> Concomitantemente, como já referido, os grupos que surgem em torno da figura dos médiuns, dificilmente adquirem maturidade doutrinária, porque o servidor da mediunidade torna-se, invariavelmente, um guru, que tudo sabe, que tudo pode, atraindo Espíritos facciosos que passam a orientá-los, conduzindo aqueles que se lhes vinculam...

Tratando-se de uma Ciência, que é, o Espiritismo aguarda estudo sério e sistematizado, a fim de ser compreendido em toda a sua profundidade. Como Filosofia, propõe reflexões contínuas, diálogos e análise dos seus postulados, de modo a poder-se incorporá-los ao dia a dia da existência. Na condição de Religião, em razão da sua ética-moral fundada em *O Evangelho de Jesus,* estabelece comportamentos dignos e graves, por preparar o Espírito para o prosseguimento das conquistas morais e culturais no corpo e fora dele.

Não é, portanto, uma Doutrina que permita frivolidade, divertimento, que se possa transformar em clube de relaxamento ou de exibição do ego. Pelo contrário, trabalha os valores morais do indivíduo, a fim de que se esforce sempre pela transformação interior para melhor, iluminando-se e tornando-se exemplo de verdadeiro cristão, de cidadão de bem.[5]

Atento ao perfil do trabalhador da mediunidade, Philomeno de Miranda conclui, com lucidez:

> Entendendo-se, porém, que o Espiritismo desvela a imortalidade, conscientiza o ser em torno da sua indestrutibilidade, equipa-o de recursos para bem vivenciar esse conhecimento, demonstrando-lhe, através das comunicações mediúnicas, o que sucede com aqueles que se descuidam do desenvolvimento moral ou se envolvem nos lamentáveis programas de dissipações, de perversões, de comprometimentos graves em relação à vida, ao próximo e a si mesmos.
>
> [...]
>
> Na mediunidade, encontramos o campo vasto a joeirar com cuidado, considerando-se que cada médium tem as suas próprias características e possibilidades, em decorrência das conquistas anteriores, das experiências vividas e mesmo do exercício da faculdade em reencarnação passada... Muito mais fácil, portanto, será o exercício desse já experiente sensitivo em relação àquele que agora desperta para o fenômeno ou que o vivencia sob o estigma de perturbações de vária ordem em manifestação atormentada.[6]

Allan Kardec, ao ser perguntado se o exercício da mediunidade poderia provocar influência dos maus Espíritos em uma pessoa e quais seriam as consequências decorrentes, respondeu demonstrando a necessidade e importância dos estudos:

> Jamais dissimulamos os escolhos, obstáculos, encontradiços na mediunidade, razão por que multiplicamos, em *O livro dos médiuns,* as instruções a tal respeito e não temos cessado de recomendar o seu estudo prévio, antes de se entregarem à prática.

[...]

Dizemo-lo ainda: sim, sem experiência a mediunidade tem inconvenientes, dos quais o menor seria ser mistificado pelos Espíritos enganadores e levianos. Fazer Espiritismo experimental sem estudo é querer fazer manipulações químicas sem saber química.[7]

A essas considerações do Codificador, Manoel P. de Miranda enfatiza o labor, citando Bezerra de Menezes:

– Trabalhadores imperfeitos que reconhecemos ser, encontramo-nos no campo que a própria insensatez deixou ao cuidado das pragas e do abandono. Em todo lugar, desolação e ruína: jardins vencidos pelo matagal, pomares destruídos pelas tormentas, solo crestado, sebes arrebentadas, fontes vencidas por miasmas, habitadas por animais venenosos... Todavia, é a nossa área de labor e redenção, onde devemos recomeçar e agir. Dispomos do trato da terra que a nossa incúria desrespeitou, cabendo-nos, agora, recuperar pela carinhosa assistência o prejuízo, aplicando todos os recursos ao nosso alcance, enquanto urge a oportunidade.

Em razão disso, mister considerarmos em profundidade o ensino evangélico do *Ide e pregai* ensinando com o exemplo que edifica e avançando com as mãos enriquecidas pelas obras, através de cujo resultado atestaremos a excelência dos nossos propósitos.[8]

Philomeno de Miranda conclui a respeito do assunto com os esclarecimentos de Dr. Bezerra:

Nosso tempo mental deve ser dedicado à elaboração dos planos de serviços relevantes e contínuos. Jesus é o exemplo ideal do trabalhador modelo [...].

[...]

Ninguém alcança as cumeadas da paz sem os estertores no vale das lutas. Indispensável perseverar e insistir.

[...]

Não há por que recear.

Muitas vezes o pretérito de delitos assomará à frente como ultriz necessidade, ou ferida exposta, ou desequilíbrio tormentoso, ou açoite inexorável, ou inquietação afligente... Mergulhando-se a mente e as preocupações nas águas lustrais da Boa-Nova e as mãos no trabalho, não haverá ensejo para o desânimo nem para a acomodação no lamento ou a tentação da fuga.

CAPÍTULO 5 O PERFIL DO TRABALHADOR DA MEDIUNIDADE

> Vive-se morrendo, e morrendo se está vivendo. Cada realização enobrecida constitui título de ventura, e todo receio mais sombra na treva dos problemas. As alternativas são servir sem desfalecimento e confiar sem tergiversação. Jesus fará o que nos não seja possível realizar.
>
> Confiados em que a vitória final a Ele pertence, exultemos e prossigamos.[9]

Aos membros reencarnados da reunião mediúnica cabe as responsabilidades e ações bem definidas para que o grupo, como um conjunto bem constituído, se movimente em harmonia. Isso permitirá que o trabalho flua com facilidade e equilíbrio. Todo o conjunto é resultado de interdependência, de um como do outro segmento, formando um todo harmônico. O médium, mesmo o aprendiz (iniciante), sabe que a faculdade é orgânica e que, mantendo-se em clima de paz, suas dificuldades poderão ser mais bem administradas.

Como ilustração, apresentamos em seguida alguns itens que devem ser observados pelos médiuns e demais integrantes do grupo mediúnico.

- » É imprescindível a todos guardem serenidade interior e mente harmonizada, garantindo cordialidade recíproca com os membros do conjunto.
- » Emoções devem ser mantidas sob controle.
- » Empenhar-se na própria melhoria moral, combatendo paixões inferiores e más tendências, seja pelo cultivo de sentimentos de amor e misericórdia ao próximo, seja pela busca do autoaperfeiçoamento.
- » Aprimorar a assiduidade e pontualidade às reuniões.
- » Cultivar a fé e o amor em Deus, em Jesus e em seus mensageiros.
- » Empenhar-se em manter harmônica a saúde física e psíquica.
- » Manter-se doutrinariamente atualizado.
- » Desenvolver o hábito da oração.
- » Usar da disciplina moral, no dia a dia, a fim de que a amizade, o respeito e o apoio dos benfeitores sejam mantidos, usualmente.

Philomeno de Miranda pondera a esse respeito:

> Podemos afirmar que, segundo a onda em que se movimente o indivíduo, sempre haverá uma ressonância e uma sintonia com outrem na mesma faixa vibratória. Não apenas os inimigos ou os amigos estão em intercâmbio espiritual, mas todos quantos vivenciem experiências equivalentes, em decorrência da identidade vibratória. Recordemo-nos da recomendação do apóstolo Paulo, na sua carta I Tessalonicenses, capítulo cinco, versículo dezessete, quando afirma: – "Orai sem cessar".[10]

É oportuno lembrar também que, em uma reunião mediúnica séria, como em qualquer outra reunião espírita, não há espaço para dissimulações, ressentimentos, antipatias, censuras etc., pois os participantes emitem, cada um, vibrações mentais as quais, por sua vez, estabelecem sintonias ajustáveis à carga emocional de cada onda mental emitida ou captada. Consciente desses fatores, o aspirante à reunião mediúnica, deve estar, previamente, a par dos desafios que enfrentará como membro do grupo.

Assim, é importante estarmos atentos às seguintes advertências de Manoel P. de Miranda:

> A condição essencial para ser alcançado o nível de *bom médium*, isto é, daquele que tem facilidade para as comunicações, conforme considerava o emérito codificador do Espiritismo, Allan Kardec, é resultado do esforço empreendido para a sua transformação moral para melhor.
>
> Enquanto vicejem nos sentimentos do candidato à realização da atividade mediúnica enobrecida os sentimentos de hostilidade, de melindre, de suspeitas, de ciúme e todo o séquito nefasto do ódio, do ressentimento, da vingança, a sintonia psíquica defluirá dessas ondas que se expressam como irradiação mental negativa, atraindo forças perturbadoras semelhantes, que passarão a dominar-lhe a conduta física e emocional, levando-o a compreensíveis transtornos psicológicos e a enfermidades desnecessárias.[11]

REFERÊNCIAS

1   KARDEC, Allan. *O livro dos médiuns*. Trad. Evandro Noleto Bezerra. 2. ed. 6. imp. Brasília, DF: FEB, 2020. 2ª pt., cap. 29, it. 327.

2   KARDEC, Allan. *O livro dos médiuns*. Trad. Evandro Noleto Bezerra. 2. ed. 6. imp. Brasília, DF: FEB, 2020. 2ª pt., cap. 29, it. 331.

3   KARDEC, Allan. *O livro dos espíritos*. Trad. Evandro Noleto Bezerra. 4. ed. 9. imp. Brasília, DF: FEB, 2020. q. 149 a 150-b.
4   KARDEC, Allan. *O livro dos médiuns*. Trad. Evandro Noleto Bezerra. 2. ed. 6. imp. Brasília, DF: FEB, 2020. 1ª pt., cap. 3, it. 30.
5   FRANCO, Divaldo Pereira. *Transtornos psiquiátricos e obsessivos*. Pelo Espírito Manoel Philomeno de Miranda. 2. ed. 4. imp. Salvador, BA: LEAL, 2019. cap. 14, p. 239.
6   FRANCO, Divaldo Pereira. *Transtornos psiquiátricos e obsessivos*. Pelo Espírito Manoel Philomeno de Miranda. 2. ed. 4. imp. Salvador, BA: LEAL, 2019. cap. 14, p. 239 e 240.
7   KARDEC, Allan. *Revista Espírita*: jornal de estudos psicológicos. ano 6, n. 1, jan. 1863. Estudos sobre os possessos de Morzine. Trad. Evandro Noleto Bezerra. 4. ed. 1. imp. Brasília, DF: FEB, 2019.
8   FRANCO, Divaldo Pereira. *Grilhões partidos*. Pelo Espírito Manoel Philomeno de Miranda. 16. ed. 1. imp. Salvador, BA: LEAL, 2019. cap. 6, p. 79.
9   FRANCO, Divaldo Pereira. *Grilhões partidos*. Pelo Espírito Manoel Philomeno de Miranda. 16. ed. 1. imp. Salvador, BA: LEAL, 2019. cap. 6, p. 80 e 81.
10 FRANCO, Divaldo Pereira. *Transtornos psiquiátricos e obsessivos*. Pelo Espírito Manoel Philomeno de Miranda. 2. ed. 4. imp. Salvador, BA: LEAL, 2019. cap. 6, p. 105.
11 FRANCO, Divaldo Pereira. *Mediunidade*: desafios e bênçãos. Pelo Espírito Manoel Philomeno de Miranda. 1. ed. 5. imp. Salvador, BA: LEAL, 2019. cap. 8, p. 71.

CAPÍTULO 6

CONDIÇÕES DE ADMISSÃO AO GRUPO MEDIÚNICO: CRITÉRIOS DE PARTICIPAÇÃO. AUSÊNCIAS, IMPEDIMENTOS E AFASTAMENTOS

6.1 ADMISSÃO AO GRUPO MEDIÚNICO

Como foi informado nos capítulos anteriores, um ao três, a principal condição para admissão de um integrante no grupo mediúnico é que ele tenha conhecimento básico da Doutrina Espírita e da mediunidade, em particular. Contudo, há situações que podem caracterizar exceções a essa regra geral: diz respeito à pessoa que revela evidências de estar com mediunidade aflorada, mas que não apresenta desarmonias psíquicas, emocionais ou psicológicas que poderiam caracterizar processos obsessivos.

Nessa condição, é possível admitir a pessoa no grupo mediúnico, desde que se estabeleça compromisso duplo: a) por parte do médium, que se compromete integrar-se em um plano de estudo espírita e da mediunidade oferecido pelo Centro Espírita, em dia indicado para esse mister; b) por parte do dirigente da reunião mediúnica, que assume o compromisso de acompanhar de perto a formação espírita do novo integrante da reunião e, ao mesmo tempo, observar com atenção a evolução da sua faculdade mediúnica. Tais medidas são importantes porque, como afirma Manoel Philomeno de Miranda, nem sempre o que parece surgimento de faculdade mediúnica ativa de fato o é:

> A mediunidade é faculdade inerente a todos os seres humanos, que um dia se apresentará ostensiva mais do que ocorre no presente momento histórico.

CAPÍTULO 6 **CONDIÇÕES DE ADMISSÃO AO GRUPO MEDIÚNICO**

À medida que se aprimoram os sentidos sensoriais, favorecendo com mais amplo cabedal de apreensão do mundo objetivo, amplia-se a embrionária percepção extrafísica, ensejando o surgimento natural da mediunidade.

Não poucas vezes, é detectada por características especiais que podem ser confundidas com síndromes de algumas psicopatologias que, no passado, eram utilizadas para combater a sua existência.[1]

Como se trata de uma exceção o encaminhamento de alguém à reunião mediúnica, é necessário avaliar se se trata, efetivamente, de sintomas de eclosão, da mediunidade, como nos faz refletir o benfeitor espiritual:

> Sutis ou vigorosos, alguns desses sintomas permanecem em determinadas ocasiões gerando mal-estar e dissabor, inquietação e transtorno depressivo, enquanto que, em outros momentos, surgem em forma de exaltação da personalidade, sensações desagradáveis no organismo, ou antipatias injustificáveis, animosidades mal disfarçadas, decorrência da assistência espiritual de que se é objeto.[2]

Manoel P. de Miranda aprofunda os esclarecimentos a respeito do assunto, transmitindo-nos estes alertas:

> Muitas enfermidades de diagnose difícil, pela variedade da sintomatologia, têm suas raízes em distúrbios da *mediunidade de prova*, isto é, aquela que se manifesta com a finalidade de convidar o Espírito a resgates aflitivos de comportamentos perversos ou doentios mantidos em existências passadas. Por exemplo, na área física: dores no corpo, sem causa orgânica; cefalalgia periódica, sem razão biológica; problemas do sono – insônia, pesadelos, pavores noturnos com sudorese –; taquicardias, sem motivo justo; colapso periférico sem nenhuma disfunção circulatória, constituindo todos eles, ou apenas alguns, perturbações defluentes de mediunidade em surgimento e com sintonia desequilibrada. No comportamento psicológico, ainda apresentam-se: ansiedade, fobias variadas, perturbações emocionais, inquietação íntima, pessimismo, desconfianças generalizadas, sensações de presenças imateriais – sombras e vultos, *vozes e toques* – que surgem inesperadamente, tanto quanto desaparecem sem qualquer medicação, representando distúrbios mediúnicos inconscientes, que decorrem da captação de ondas mentais e vibrações que sincronizam com o perispírito do *enfermo*, procedentes de Entidades sofredoras ou vingadoras, atraídas pela necessidade de refazimento dos conflitos em que ambos – encarnado e desencarnado – se viram envolvidos.[3]

Ao final, conclui de forma enfática:

> Esses sintomas, geralmente pertencentes ao capítulo das obsessões simples, revelam presença de faculdade mediúnica em desdobramento, requerendo os cuidados pertinentes à sua educação e prática.[3]
>
> Nem todos os indivíduos, no entanto, que se apresentam com sintomas de tal porte, necessitam de exercer a faculdade de que são portadores. Após a conveniente terapia que é ensejada pelo estudo do Espiritismo e pela transformação moral do paciente, que se fazem indispensáveis ao equilíbrio pessoal, recuperam a harmonia física, emocional e psíquica [...].
>
> Grande número, porém, de portadores de mediunidade tem compromisso com a tarefa específica, que lhe exige conhecimento, exercício, abnegação, sentimento de amor e caridade, a fim de atrair os Espíritos nobres, que se encarregam de auxiliar a cada um na desincumbência do mister iluminativo [...].[4]
>
> A mediunidade, porém, exercida nobremente, torna-se uma *bandeira cristã e humanitária*, conduzindo mentes e corações ao porto de segurança e de paz.
>
> A mediunidade, portanto, não é um transtorno do organismo. O seu desconhecimento, a falta de atendimento aos seus impositivos geram distúrbios que podem ser evitados, ou quando se apresentam, receberem a conveniente orientação para que sejam corrigidos.
>
> Tratando-se de uma faculdade que permite o intercâmbio entre os dois mundos – o físico e o espiritual –, proporciona a captação de energias cujo teor vibratório corresponde à qualidade moral daqueles que as emitem, assim como daqueloutros que as captam e transformam em mensagens significativas.[5]
>
> A correta educação das *forças mediúnicas* proporciona equilíbrio emocional e fisiológico, ensejando saúde integral ao seu portador.
>
> Superados, portanto, os sintomas de apresentação da mediunidade, surgem as responsabilidades diante dos novos deveres que irão constituir o clima psíquico ditoso do indivíduo que, compreendendo a magnitude da ocorrência, crescerá interiormente no rumo do Bem e de Deus.[6]

6.2 CRITÉRIOS DE PARTICIPAÇÃO

A frequência e assiduidade à reunião mediúnica é o primeiro passo para garantir a participação do trabalhador na equipe. Mas a sua integração no grupo só ocorrerá ao longo do tempo, por meio

CAPÍTULO 6 CONDIÇÕES DE ADMISSÃO AO GRUPO MEDIÚNICO

da sua dedicação e persistência, sobretudo, esforços de melhoria moral-intelectual:

> A reencarnação é abençoada concessão da Divindade para facultar o processo de evolução moral e intelectual do Espírito, ampliando-lhe os horizontes da emoção e do discernimento para a ação dignificadora, aprimorando-se sempre mais e superando os obstáculos que se lhe opõem naturalmente pela via ascensional. Nunca faltam desafios nem percalços na jornada evolutiva; entretanto, pela utilização das bênçãos da mediunidade, quando direcionada para o ministério de Jesus, a consolação e a alegria de viver alternam-se no imo do indivíduo e facultam-lhe o interesse até o sacrifício na ação e vivência da caridade, quando necessário.[7]

A superação dos obstáculos que surgem no caminho, decorrência natural da reencarnação ou devida a influências espirituais, representam oportunidades que favorecem a melhoria de si mesmo e, ao mesmo, o aperfeiçoamento do intercâmbio entre os dois planos da vida:

> A prática saudável da mediunidade é, desse modo, um grande desafio, tendo em vista os interesses mesquinhos que vicejam na sociedade, os comportamentos doentios, a psicosfera enfermiça que paira na Terra, condições, sem dúvida, transitórias do orbe, que também progride na escala dos mundos.
>
> Consciente das responsabilidades que lhe dizem respeito, o médium consciente de si mesmo e das lições edificantes do Espiritismo empenha-se com denodo para ser sempre melhor moralmente, esforçando-se por alcançar patamares mais elevados da evolução, sempre objetivando servir mais e melhor.[8]

O trabalhador da mediunidade, como todo trabalhador espírita, deve, pois, desenvolver hábitos saudáveis que lhe garantam a harmonia íntima, tais como: prática da oração, realização do evangelho no lar, integração em outras atividades doutrinárias no Centro Espírita, estudo e prática do bem.

São condições básicas que favorecem a participação e a integração dos membros da reunião mediúnica, necessárias ao bom funcionamento do grupo que deve agir como ser coletivo, na inspirada afirmativa de Allan Kardec: "Uma reunião é um ser coletivo, cujas qualidades e propriedades são a resultante das dos seus membros, formando uma espécie de feixe. Ora, quanto mais homogêneo for esse feixe, tanto mais força terá [...]".[9]

6.3 AUSÊNCIAS, IMPEDIMENTOS E AFASTAMENTOS

As reuniões mediúnicas espíritas, usuais nos centros espíritas, não são palco para curiosidade improdutiva ou local de produção fenomênica. Trata-se de uma reunião que deve ser conduzida com toda a seriedade, a fim de se obter bons resultados. A respeito, já alertava Allan Kardec na introdução de *O livro dos médiuns:* "[...] A prática do Espiritismo é cercada de muitas dificuldades e nem sempre é isenta de perigos, que só um estudo sério e completo pode prevenir. [...]".[10]

Vem daí a causa de dificuldades, algumas muito graves, que vez ou outra alcança a prática mediúnica: o despreparo dos participantes, de um lado, e a pouca atenção que se dá aos cuidados prescritos pelo Espiritismo em relação à reunião mediúnica segura. Kardec pontua: "[...] A ignorância e a leviandade de certos médiuns têm gerado mais prejuízos do que se pensa na opinião de muita gente".[11]

Em sintonia com essas ideias, Philomeno de Miranda acrescenta:

> No que concerne, porém, às reuniões espíritas mediúnicas, defrontamos compromisso bastante diferenciado no que diz respeito à investigação pura e simples.
>
> Programadas pela Espiritualidade, são constituídas por um grupo de pessoas sérias, assíduas e conscientes do seu significado, comprometidas com a ação da caridade em forma de terapêutica eficiente para os desencarnados em aflição.[12]

Assim, as ausências frequentes às reuniões mediúnicas podem criar dificuldades ao bom andamento da atividade, favorecendo a instalação da desarmonia. Os impedimentos apresentam, porém, outras características. Conforme o tipo, o impedimento pode ser definido como temporário ou permanente, situação que, respectivamente, conduz ao afastamento do trabalhador da mediunidade da reunião por um período determinado ou indeterminado. De qualquer forma, as ausências, impedimentos e afastamentos devem ser analisados cuidadosamente, caso a caso, buscando-se agir com serenidade e harmonia, mesmo se a opção seja o afastamento definitivo do trabalhador da reunião.

> Depreende-se, desse modo, que os membros que constituem a reunião encontram-se comprometidos com o conjunto, não se devendo permitir situações embaraçosas cujos efeitos se refletirão no todo.

Organizada a tarefa e estabelecidos os parâmetros de ação, espera-se que a equipe de colaboradores encarnados encontre-se igualmente sintonizada com a atividade, a fim de ser conseguido o êxito anelado.[13]

6.3.1 AUSÊNCIAS

As ausências usuais estão mais relacionadas a situações que fogem do controle do participante, como enfermidades e viagens. Quando, porém, tornam-se contumazes, breves ou prolongadas, é importante que o dirigente da reunião e o participante que conversem e analisem cuidadosamente a situação e cheguem acordo comum. O resultado desse entendimento pode ser a permanência do trabalhador, desde que ele consiga administrar as ausências, ou o seu afastamento, temporário ou não.

Philomeno de Miranda pondera, com acerto:

> Quando o médium ou o doutrinador, por motivo frívolo falta ao compromisso, exige que seja modificado o roteiro estabelecido, quando isso é possível, sendo tomadas as providências de urgência, certamente previstas pelos Mentores, já que eles não agem por ações de improviso.[13]

6.3.2 IMPEDIMENTOS

Podem ocorrer em decorrência das ausências usuais do participante à reunião mediúnica. Mas, há outros impedimentos que independem da assiduidade, por exemplo: doenças crônicas debilitantes ou imobilidade física, que mantém a pessoa incapacitada para locomover--se livremente, mesmo com o auxílio de cadeiras de rodas ou muletas. Há também impedimentos vinculados a distúrbios psicológicos e/ou processos obsessivos.

O benfeitor espiritual, cuja obra estamos analisando, esclarece situações que caracterizam impedimentos à participação nos grupos mediúnicos:

> A inadvertência de médiuns e de psicoterapeutas de desencarnados, embora conhecedores da Doutrina Espírita, vitimados pela presunção ou pela invigilância, responde pela ocorrência periódica de um lamentável fenômeno de obsessão coletiva nas sessões práticas, que vem ocorrendo em diversos Núcleos de atendimento espiritual.
>
> Quase sempre o desvio de conduta geral tem lugar, quando alguém, menos afeiçoado ao cumprimento dos deveres em relação à mediunidade

com Jesus, descamba na direção da leviandade, deixando-se fascinar por ambições injustificáveis em relação à produção de mensagens relevantes, de exaltação da personalidade, de exibicionismo, ou deixa-se influenciar pela hipnose dos Espíritos perseguidores que passam a telecomandá-lo.[13]

6.3.3 AFASTAMENTOS

Há situações em que o afastamento do participante da reunião mediúnica, temporária ou definitivamente, é a decisão mais acertada. É o caso de pessoas portadoras de distúrbios psicológicos ou mentais, ou ainda em com processos obsessivos graves. Em qualquer situação os confrades devem merecer todo o cuidado e atenção por parte dos obreiros da Casa Espírita, porém, é mais prudente não lhes facultar acesso às reuniões mediúnicas.

> [...] Primeiro, porque o bom senso, que deve orientar os que dirigem esse admirável mister, demonstra a impossibilidade de esses pacientes terem uma participação direta na reunião e depois, porque a orientação doutrinária ensina que a presença dos que se candidatam aos benefícios não é indispensável, já que para os Espíritos as distâncias terrenas têm outra dimensão, dispensando-se, desse modo, aquela participação física. Ainda aqui, é o despreparo de quem se arroga às condições de dirigente de sessões que responde pela incompetência. Não obstante reconheçamos a necessidade do conhecimento e preparação doutrinária, valorizamos muito as condições morais, que são fatores predominantes para os resultados das sessões.[15]

REFERÊNCIAS

1 FRANCO, Divaldo Pereira. *Reencontro com a vida*. Pelo Espírito Manoel Philomeno de Miranda. Salvador, BA: LEAL, 2015. 1ªpt., cap. 8, p. 71.

2 FRANCO, Divaldo Pereira. *Reencontro com a vida*. Pelo Espírito Manoel Philomeno de Miranda. Salvador, BA: LEAL, 2015. 1ª pt., cap. 8, p. 71 e 72.

3 FRANCO, Divaldo Pereira. *Reencontro com a vida*. Pelo Espírito Manoel Philomeno de Miranda. Salvador, BA: LEAL, 2015. 1ª pt., cap. 8, p. 72.

4 FRANCO, Divaldo Pereira. *Reencontro com a vida*. Pelo Espírito Manoel Philomeno de Miranda. Salvador, BA: LEAL, 2015. 1ª pt., cap. 8, p. 73.

5 FRANCO, Divaldo Pereira. *Reencontro com a vida*. Pelo Espírito Manoel Philomeno de Miranda. Salvador, BA: LEAL, 2015. 1ª pt., cap. 8, p. 74.

6   FRANCO, Divaldo Pereira. *Reencontro com a vida*. Pelo Espírito Manoel Philomeno de Miranda. Salvador, BA: LEAL, 2015. 1ª pt., cap. 8, p. 75.
7   FRANCO, Divaldo Pereira. *Mediunidade*: desafios e bênçãos. Pelo Espírito Manoel Philomeno de Miranda. 1. ed. 5. imp. Salvador, BA: LEAL, 2012. *Mediunidade, desafios e bênçãos*, p. 10.
8   FRANCO, Divaldo Pereira. *Mediunidade*: desafios e bênçãos. Pelo Espírito Manoel Philomeno de Miranda. 1. ed. 5. imp. Salvador, BA: LEAL, 2012. *Mediunidade, desafios e bênçãos*, p. 11.
9   KARDEC, Allan. *O livro dos médiuns*. Trad. Evandro Noleto Bezerra. 2. ed. 6. imp. Brasília, DF: FEB, 2020. 2ª pt., cap. 29, it. 331.
10 KARDEC, Allan. *O livro dos médiuns*. Trad. Evandro Noleto Bezerra. 2. ed. 6. imp. Brasília, DF: FEB, 2020. *Introdução*.
11 KARDEC, Allan. *O livro dos médiuns*. Trad. Evandro Noleto Bezerra. 2. ed. 6. imp. Brasília, DF: FEB, 2020. *Introdução*.
12 FRANCO, Divaldo Pereira. *Reencontro com a vida*. Pelo Espírito Manoel Philomeno de Miranda. Salvador, BA: LEAL, 2015. 1ª pt., cap. 18, p. 141.
13 FRANCO, Divaldo Pereira. *Reencontro com a vida*. Pelo Espírito Manoel Philomeno de Miranda. Salvador, BA: LEAL, 2015. 1ª pt., cap. 18, p. 144.
14 FRANCO, Divaldo Pereira. *Reencontro com a vida*. Pelo Espírito Manoel Philomeno de Miranda. Salvador, BA: LEAL, 2015. 1ª pt., cap. 26, p. 211.
15 FRANCO, Divaldo Pereira. *Nas fronteiras da loucura*. Pelo Espírito Manoel Philomeno de Miranda. 16. ed. 3. imp. Salvador, BA: LEAL, 2019. cap. 16, p. 157.

CAPÍTULO 7

EDUCAÇÃO DA MEDIUNIDADE

A educação da mediunidade é um processo gradual e permanente, que muito depende do empenho do médium em buscar o próprio aperfeiçoamento intelecto-moral, e, ao mesmo tempo, saber identificar e administrar as influências espirituais que o cercam. Philomeno de Miranda afirma com clareza:

> Concedida a todos os homens e mulheres, sem privilégio de etnia, de caráter, de fé religiosa, de condição socioeconômica, representa uma alta concessão, que faculta o conhecimento da imortalidade do Espírito, assim como das consequências morais resultantes da conduta existencial.
>
> De igual maneira como se educam os sentidos físicos e as faculdades intelectuais, disciplinando o comportamento moral, a mediunidade, que desempenha relevante papel na vida humana, requer desvelos e condutas específicos, para que possa contribuir eficazmente em favor da harmonia do indivíduo e do seu incessante progresso espiritual.[1]

O benfeitor amigo apresenta, inclusive, um programa simples, descomplicado para a educação da mediúnica. Conta, porém, com vontade ativa ou persistência do médium de superar os obstáculos que, usualmente, surgem ao longo da prática mediúnica.

7.1 O ROTEIRO PARA A EDUCAÇÃO DA MEDIUNIDADE

7.1.1 ESTUDAR

> Somente através do conhecimento lúcido e lógico da mediunidade, mediante o estudo de *O livro dos médiuns*, de Allan Kardec, é que se deve permitir o candidato à educação da sua faculdade, ao aprimoramento pessoal, iniciando, então, o exercício dessa *disposição orgânica* profundamente arraigada nos valores morais do Espírito.[2]

7.1.2 AUTOANALISAR-SE

Uma das primeiras providências a ser tomada em relação a esse programa iluminativo diz respeito à autoanálise que se deve propor o interessado, trabalhando as imperfeições do caráter, os conflitos comportamentais, lutando pela transformação moral para melhor no seu mundo interior.

Esse esforço, no entanto, não se aplica a um certo período da vida, mas a toda a existência, porquanto, à medida que se avança no rumo da ascensão, melhor visão interna se possui a respeito de si mesmo.

Quanto mais esclarecida a pessoa se encontra, mais facilmente observa as imperfeições que possui, dando-se conta de que necessita ampliar o esforço, a fim de as superar.[3]

7.1.3 IDENTIFICAR OS ESPÍRITOS PELAS SUAS VIBRAÇÕES

O contato com os Espíritos em equilibrada frequência faculta a percepção da *Lei dos Fluidos*, mediante a qual se torna factível a identificação dos comunicantes, em decorrência das sensações e das emoções experimentadas. Cada comunicante é portador de vibrações especiais, assim como ocorre na Terra, caracterizando-se cada qual por determinados hábitos e mesmo pelos seus condicionamentos.[4]

7.1.4 ANALISAR AS MENSAGENS MEDIÚNICAS RECEBIDAS

A observação do conteúdo das mensagens também é de salutar efeito, analisando-o e aplicando-o em si mesmo, quando expresse orientação e direcionamento propiciadores de felicidade.

Os médiuns sérios devem sempre aceitar para eles próprios, em primeiro lugar, as mensagens de que se fazem instrumento, assim aprimorando-se e crescendo na direção do Bem.[5]

7.1.5 COLOCAR-SE A SERVIÇO DO BEM

À medida que se tornam maleáveis às comunicações, essas mais expressivas se fazem, proporcionando melhor qualidade de filtragem do pensamento que lhes é transmitida.

Colocada a serviço do Bem, a disciplina e a ordem são fundamentais para o seu mais amplo campo de realizações, porquanto a mediunidade não pode constituir-se estorvo à vida normal do cidadão, nem instrumento de interesses escusos sob a falsa justificativa da aplicação do tempo que lhe é dedicado.[6]

7.1.6 SABER CONCENTRAR E CONTROLAR AS EMOÇÕES

O aprofundamento das reflexões, alcançando o patamar da concentração tranquila, faculta a ideal sintonia com os Espíritos que se comunicarão, diminuindo a interferência das fixações mentais, dos conflitos perturbadores, melhor exteriorizando o pensamento e os sentimentos dos comunicantes.

A tranquilidade emocional, defluente da consciência de que se é instrumento e não autor das informações, é fundamental, tornando-se simples e natural, sem as extravagantes posturas de que são seres especiais que se atribuem ou emissários irretocáveis da Verdade, merecedores de tratamento superior durante o seu trânsito pelo mundo físico...[7]

7.1.7 NÃO BUSCAR NOTORIEDADE

A busca atormentada da notoriedade, da fama, do exibicionismo constitui terrível chaga moral, que o médium deve cicatrizar mediante a terapia da humildade e do trabalho anônimo.

Desse modo, a arrogância, a presunção, a vaidade que exaltam o ego diminuem a qualidade dos ditados mediúnicos de que se faz portador aquele que assim se mantém. Prosseguir com naturalidade a experiência reencarnatória, sendo agradável e gentil, vivendo com afabilidade e doçura, de modo a se tornar seguro intermediário dos Espíritos nobres e bons, que preferem eleger aqueles que se lhes assemelham ou que se esforçam por melhorar-se cada vez mais, é dever impostergável.[8]

7.1.8 ESFORÇAR-SE EM SER BOM MÉDIUM

O bom médium, desse modo, conforme esclareceu Allan Kardec, *não é aquele que comunica facilmente, mas aquele que é simpático aos bons Espíritos e somente deles tem assistência*.[9]

Combater o ego e os seus parceiros, para dar sentido aos valores espirituais, é, sem dúvida, conduta salutar, no processo da educação mediúnica e por toda a existência.[10]

7.1.9 ASSUMIR A NECESSÁRIA RESPONSABILIDADE MEDIÚNICA

De bom alvitre, portanto, será que todos os indivíduos portadores de mediunidade ostensiva ou natural esmerem-se e penetrem-se de responsabilidade, adquirindo afinidade com os mensageiros da Luz, na grande obra de regeneração da sociedade e do planeta a que eles se vêm entregando com abnegação e devotamento.[11]

REFERÊNCIAS

1 FRANCO, Divaldo Pereira. *Mediunidade*: desafios e bênçãos. 1. ed. 5. imp. Salvador, BA: LEAL, 2012. cap. 7, p. 65.
2 FRANCO, Divaldo Pereira. *Mediunidade*: desafios e bênçãos. 1. ed. 5. imp. Salvador, BA: LEAL, 2012. cap. 7, p. 67.
3 FRANCO, Divaldo Pereira. *Mediunidade*: desafios e bênçãos. 1. ed. 5. imp. Salvador, BA: LEAL, 2012. cap. 7, p. 67.
4 FRANCO, Divaldo Pereira. *Mediunidade*: desafios e bênçãos. 1. ed. 5. imp. Salvador, BA: LEAL, 2012. cap. 7, p. 67.
5 FRANCO, Divaldo Pereira. *Mediunidade*: desafios e bênçãos. 1. ed. 5. imp. Salvador, BA: LEAL, 2012. cap. 7, p. 68.
6 FRANCO, Divaldo Pereira. *Mediunidade*: desafios e bênçãos. 1. ed. 5. imp. Salvador, BA: LEAL, 2012. cap. 7, p. 68.
7 FRANCO, Divaldo Pereira. *Mediunidade*: desafios e bênçãos. 1. ed. 5. imp. Salvador, BA: LEAL, 2012. cap. 7, p. 68.
8 FRANCO, Divaldo Pereira. *Mediunidade*: desafios e bênçãos. 1. ed. 5. imp. Salvador, BA: LEAL, 2012. cap. 7, p. 69.
9 KARDEC, Allan. *O evangelho segundo o espiritismo*. Trad. Evandro Noleto Bezerra. 2. ed. 10. imp. Brasília, DF: FEB, 2020. cap. 24, it. 12.
10 FRANCO, Divaldo Pereira. *Mediunidade*: desafios e bênçãos. 1. ed. 5. imp. Salvador, BA: LEAL, 2012. cap. 7, p. 69.
11 FRANCO, Divaldo Pereira. *Mediunidade*: desafios e bênçãos. 1. ed. 5. imp. Salvador, BA: LEAL, 2012. cap. 7, p. 70.

SEGUNDA PARTE

MECANISMOS DA COMUNICAÇÃO MEDIÚNICA

1 Afinidade, sintonia e concentração

2 A ação da mente e do perispírito na mediunidade

3 O transe mediúnico

4 O papel dos médiuns nas comunicações espíritas

5 Influência moral e do meio nas comunicações mediúnicas

CAPÍTULO 1

AFINIDADE, SINTONIA E CONCENTRAÇÃO

As três palavras, *afinidade*, *sintonia* e *concentração* estão inter-relacionadas, mais do que se supõe à primeira vista, sobretudo no que se refere à prática mediúnica espírita. Parece-nos, pois, oportuno, analisar com mais detença os conceitos que Manoel Philomeno de Miranda nos disponibiliza.

1.1 AFINIDADE

O vocábulo *afinidade* é usualmente empregado para definir vínculos parentesco, consanguíneos ou não. No âmbito das relações interpessoais, em geral, e da prática mediúnica em especial, a afinidade indica ligações de simpatia, forma de pensar c agir estabelecidas mutuamente entre uma pessoa e outra, ou entre grupos de pessoas, independentemente da situação ou do plano de vida no qual o indivíduo está inserido: "Sendo energia, mediante a Lei de Afinidade ou de Sintonia, faz-se atraído por forças equivalentes, vinculando-as às regiões que têm as mesmas características vibratórias".[1]

A afinidade extrapola a realidade física, alcança o Mundo Espiritual, de forma que encarnados e desencarnados mantêm-se vinculados uns aos outros: "Torna-se inevitável a sintonia entre os seres humanos de ambos os planos da vida, tendo em vista a identificação de ondas, pensamentos, vibrações e sentimentos que os caracterizam".[2]

> Nesse infinito campo de energias em diferentes estados de manifestação vibratória, a realidade maior é o Espírito imortal, agente do corpo e por ele responsável.
> [...]

CAPÍTULO 1 **AFINIDADE, SINTONIA E CONCENTRAÇÃO**

A interferência psíquica ocorre naturalmente em processo de afinidade, permitindo que o desencarnado transmita aos seres terrestres, nos seus corpos, as ideias, os impulsos, a inspiração.[3]

Enquanto processo evolutivo natural estabelecido pelas Leis Divinas, a afinidade revela princípios, genericamente identificados nas seguintes citações de Philomeno de Miranda:

As afinidades dão-se através da sintonia ideológica e dos comportamentos mentais e emocionais, favorecendo a união em diferentes faixas do processo de evolução.[4]

Considerando-se que a Lei das Afinidades ou de Sintonia vibra em todo o Universo, o seu vigor une os Espíritos no seu processo de desenvolvimento dos recursos evolutivos, em qualquer lugar que se encontre. Cada qual elege as companhias de acordo com o comportamento mental, moral e espiritual, mantendo convivência saudável ou enfermiça, conforme os conteúdos vibratórios dos seus companheiros [...] Como o processo de evolução é todo feito de valores éticos superiores, as ações menos dignas constituem carga pesada a ser liberada durante a jornada espiritual.[5]

Graças à Lei das Afinidades, há uma poderosa atração entre os semelhantes [...], especialmente no que diz respeito ao campo moral e intelectual. Conforme as aspirações íntimas e comportamentos pessoais, cada ser respira a psicosfera que emite e transita no campo vibratório que constrói.[6]

[Nos processos enfermiços] "É semelhante ao que ocorre no reino vegetal [...], em que o parasita se aloja em qualquer parte do receptáculo que lhe recebe a invasão, aí começando a absorver a seiva que o nutre e o desenvolve, propiciando um crescimento que constringe o hospedeiro, com raízes vigorosas e, por fim, penetrando-lhe a intimidade, mata-o pela absorção da vitalidade, sobrepondo-se, dominador... No homem, inicialmente o hóspede espiritual, movido pela morbidez do ódio ou do amor insano, ou por outros sentimentos, envolve a casa mental do futuro parceiro [...], enviando-lhe mensagens persistentes, em contínuas tentativas telepáticas, até que sejam captadas as primeiras induções, que abrirão o campo a incursões mais ousadas e vigorosas. Digamos que este é o período em que se aloja a semente parasita na planta descuidada, que lhe passa a alimentar a germinação com os seus recursos excedentes.[7]

1.2   SINTONIA

Traduz-se como a reciprocidade no pensar e no sentir, condição que estabelece ações simpáticas e harmônicas entre pessoas que se encontram na mesma frequência mental. Daí Manoel P. de Miranda afirmar:

> Assim, o homem é sempre o que pensa, porquanto da fonte mental fluem os rios das realizações. As matrizes mentais demoradamente fixadas por viciações, desequilíbrios não podem de inopino ser removidas ou alteradas, constituindo os fulcros da ideação e da vida, onde cada ser, encarnado ou desencarnado, habita... Da mesma forma ocorre com as aspirações superiores que fomentam a dispersão das forças densas e grosseiras que decorrem no mergulho do magnetismo da Terra mesmo, ensejando sintonia com mais nobres ondas de emissão espiritual, sutilizando o perispírito e liberando-o dos condicionamentos mais fortes do corpo físico que vitaliza e a que se vincula...[8]

A sintonia cria vinculações entre os indivíduos porque as afinidades, tendências ou inclinações pessoais estão envolvidas, direta ou indiretamente.

> Graças à sintonia, nos processos das decisões humanas e em face do exposto, cada pessoa sintoniza com a faixa de luz, de sombra ou de inquietação em que se compraz, experimentando a resposta imediata daquela zona onde o apelo mental chegou ou o emocional se detém, estabelecendo a vinculação do *plugue* com a *tomada* perispiritual. Enfermidades, desaires [deselegância], paixões, boa ou má sorte no esquema cármico têm estruturas de intercâmbio espiritual de acordo com o padrão de excelência ou de negativa qualidade.[9]

A sintonia psíquica é definida e alimentada de forma corriqueira, como um processo natural do relacionamento humano.

> Torna-se inevitável a sintonia entre os seres humanos de ambos os planos da vida, tendo em vista a identificação de ondas, pensamentos, vibrações e sentimentos que os caracterizam.
>
> As afinidades dão-se através da sintonia ideológica e dos comportamentos mentais e emocionais, favorecendo a união em diferentes faixas do processo de evolução.
>
> Em razão disso, a mente deve fixar-se em ideias edificantes, de forma que a voz expresse conteúdos e significados de alta magnitude, vibrando em campos específicos de elevação espiritual, que facultam a convivência com os veneráveis mensageiros do amor e do progresso.
>
> Em caso contrário, quando se cultivam os morbos das queixas, das censuras e das conversações infelizes, evidentemente ocorre a sintonia

com as energias deletérias que envolvem o planeta e são mantidas pela invigilância daqueles que assim procedem.[10]

Todos os acontecimentos, mesmo os mais comuns e banais, estão de uma forma ou de outra atrelados aos princípios da sintonia: "O pensamento é, portanto, o veículo vigoroso que conduz o Espírito à sintonia com a faixa de que se constitui e ao campo vibratório de energia que o capta".[11] Assim, como é impossível evitar a sintonia mental, fortuita ou proposital, o ser humano progride quando aprende a construir boas e elevadas sintonias, por meio da autoeducação, intelecto-moral:

> Poderosa e sempre presente nos relacionamentos humanos, a Lei de Sintonia responde pelos acontecimentos de toda ordem na economia moral e social do planeta terrestre.
>
> As afinidades propiciam o intercâmbio dos sentimentos, facilitando a harmonia que proporciona mesclarem-se as vibrações do mesmo teor, fortalecendo-as e ampliando-as.
>
> Em razão disso, as ocorrências psíquicas e físicas, não raro, resultam das causas anteriores que as promoveram.
>
> Cada ação dá lugar a uma reação equivalente, e, quando não se encontra no presente aquele fator desencadeante, ei-lo que se encontra no passado.[12]

Manoel P. de Miranda conclui a respeito das ideias fundamentais do item sintonia:

> Todas as ocorrências do dia a dia iniciam-se na mente, em forma de desejo e necessidade que se convertem em realização no mundo das formas... Para a execução desses anseios, quando doentios, os Espíritos infelizes contribuem de maneira expressiva, preservando as ideias que se tornam fixações até o momento em que ocorre o compromisso torpe nas ações escabrosas.
>
> Propusesse-o ser humano às construções psíquicas de enobrecimento e, da mesma forma, atrairiam equivalentes espirituais, que os impulsionariam à execução dos planos acalentados, conforme ocorre com todos os idealistas e trabalhadores do bem.
>
> A sintonia é válida para todos os tipos de Espíritos, razão por que a proposta em favor da saúde integral se radica na transformação moral do ser para melhor, que faculta o convívio com os seus e os mentores da Humanidade, sempre interessados na instalação da ordem, do progresso e da felicidade na Terra.[13]

1.3 CONCENTRAÇÃO

Concentração é a ação de reunir ou agrupar o que estava separado ou disperso. É termo de ampla abrangência, aplicado desde o agrupamento de pessoas, objetos, corpos celestes, moléculas ou unidades atômicas até a canalização da atenção ou de energias para um local ou finalidade. Refere-se ao processo psíquico de centralizar a atenção em um foco ou atividade específicos. Neste sentido, todos os integrantes da reunião mediúnica devem manter-se atentos ou focados no desenrolar das atividades, evitando-se, a todo custo, dispersões mentais:

> Uma reunião mediúnica séria, à luz do Espiritismo, é constituída por um conjunto operacional de alta qualidade, em face dos objetivos superiores que se deseja alcançar. Tratando-se de um empreendimento que se desenvolve no campo da energia, requisitos graves são exigidos, de forma que sejam conseguidas as realizações, passo a passo, até a etapa final.[14]
>
> Concomitantemente, cabe aos membros reencarnados as responsabilidades e ações bem definidas, para que o conjunto se movimente em harmonia, e as comunicações fluam com facilidade e equilíbrio.
>
> Todo o conjunto é resultado de interdependência de um como do outro segmento, formando um todo harmônico.
>
> Aos médiuns é imprescindível a serenidade interior, a fim de poderem captar os conteúdos das comunicações e as emoções dos convidados espirituais ao tratamento de que necessitam.
>
> A mente equilibrada, as emoções sob controle, o silêncio íntimo faculta o perfeito registro das mensagens de que são portadores, contribuindo eficazmente para a catarse das aflições dos seus agentes.[15]

A concentração é, pois, destinada a todos os participantes do grupo, não apenas aos médiuns, propriamente ditos:

> Não é, porém, responsável somente o medianeiro, embora grande parte dos resultados dependa da sua atuação dignificadora, o que lhe constituirá sempre motivo de bem-estar e de felicidade, por descobrir-se como instrumento do amor a serviço de Jesus entre os seus irmãos.[16]

1.4 CONCEITOS DE AFINIDADE, SINTONIA E CONCENTRAÇÃO APLICADOS À PRÁTICA MEDIÚNICA

A *afinidade* se detecta com maior clareza durante as manifestações mediúnicas: "A interferência psíquica ocorre naturalmente em

CAPÍTULO 1 **AFINIDADE, SINTONIA E CONCENTRAÇÃO**

processo de afinidade, permitindo que o desencarnado transmita aos seres terrestres, nos seus corpos, as ideias, os impulsos, a inspiração".[17] Sendo assim, pondera Philomeno de Miranda:

> De bom alvitre, portanto, será que todos os indivíduos portadores de mediunidade ostensiva ou natural esmerem-se e penetrem-se de responsabilidade, adquirindo afinidade com os mensageiros da Luz, na grande obra de regeneração da sociedade e do planeta a que eles se vêm entregando com abnegação e devotamento.[18]

A direção da reunião mediúnica deve estar permanentemente atenta às influências inferiores que podem surgir entre membros da equipe, avaliando-se com serenidade se se trata de uma influenciação ocasional, ou se caracteriza comportamentos repetidos, cada vez mais frequentes. Nessa situação, deve-se cogitar da possível instalação de processo obsessivo. Entendamos que influências ocasionais podem ocorrer durante a prática mediúnica, mas essas são naturalmente ignoradas ou afastadas pelo médium educado e emocionalmente sereno:

> Podemos afirmar que, segundo a onda em que se movimente o indivíduo, sempre haverá uma ressonância e uma sintonia com outrem na mesma faixa vibratória. Não apenas os inimigos ou os amigos estão em intercâmbio espiritual, mas todos quantos vivenciem experiências equivalentes, em decorrência da identidade vibratória [...].[19]

Medidas devem ser aplicadas, sem se descurar do espírito de fraternidade, mas agir com base nas seguras orientações espíritas, a fim de que a desarmonia não se alastre. É importante recordar que ninguém está livre das as influências que podem acometer trabalhadores da reunião mediúnica, sobretudo quando se levam em conta as suas vinculações pretéritas, de outras reencarnações:

> [...] O que observamos é que, seja qual for o problema que descompense o equilíbrio da criatura, de ordem ética, psíquica ou física, em razão do passado espiritual dela mesma e em face da atual situação moral do planeta, normalmente encontramos, por Leis de Afinidades e Sintonia mental e emocional, interferências de entidades enfermas, perturbadoras e vingativas sediadas além das fronteiras físicas.[20]

Os médiuns que seguem um programa de educação da sua faculdade mediúnica, compreende a necessidade de *Sintonia* com os benfeitores espirituais, onde quer que se encontre. Assim, durante as manifestações dos Espíritos necessitados, desorientados, portadores das mais variadas necessidades, o médium harmonizado e educado, simboliza a mão amiga que acolhe e ampara.

> Todo cuidado deve ser tomado pelo *médium sério*, que deseja manter-se em equilíbrio a serviço da Vida, evitando sevícias morais produzidas pelos Espíritos inferiores que buscarão atormentá-lo, disparando-lhe contínuos e bem direcionados dardos mentais capazes de lhe prejudicarem a saúde física, o comportamento, a emoção e a mente.
>
> Nesse sentido, a vigilância, a oração e o cultivo dos bons pensamentos conceituem-lhe recursos valiosos que não podem ser desconsiderados, ao lado do trabalho perseverante dedicado à edificação em favor do seu próximo, num como no outro plano da vida.
>
> O *bom médium* adiciona aos compromissos de cidadão útil a consciência da paranormalidade que lhe cabe desenvolver a benefício próprio, de começo, e, por fim, de natureza geral.
>
> O exercício da mediunidade deve produzir indizível bem-estar, por proporcionar a sintonia com as elevadas esferas espirituais, nas quais o medianeiro haure conforto, inspiração e inefável alegria de viver, em decorrência dos conteúdos psíquicos e emocionais que frui.
>
> Saber-se instrumento útil, conduzido por sábios obreiros da Luz e da Verdade, com tarefas específicas, transforma-se-lhe em formosa razão para mais e melhor servir.
>
> A convivência frequente com esses nobres mentores, que o inundam de ideias felizes e de energias saudáveis, proporciona-lhe emoções inabituais, caracterizadas pela euforia, que se desdobra em sentimentos de amor e de compaixão, de lídima fraternidade e de ternura, de perdão e de caridade.[21]

Pela prática usual da sintonia, exercitada nas reuniões mediúnicas, o médium adquire o hábito salutar de, em todas as situações da vida cotidiana, identificar as boas e más as influências espirituais, educando-se para aceitar as primeiras e de rejeitar ou neutralizar as segundas.

> Aspirando-se essa psicosfera que nutre interiormente, outros valores éticos e ambições emocionais passam a estabelecer diretrizes para o comportamento, impulsionando o ser para a conquista do amor pleno e a paz que não sofre qualquer perturbação nos embates do dia a dia da evolução.
>
> Experimentando essa inefável sintonia, o ser humano luta com melhores equipamentos para alterar o rumo das experiências e, ao mesmo tempo,

CAPÍTULO 1 AFINIDADE, SINTONIA E CONCENTRAÇÃO

> para dilatar os sentimentos de fraternidade, que se solidariza com o próximo em aturdimento para o ajudar; com o amor, para expandi-lo e preencher os vazios existenciais em outrem; com a caridade, para tudo compreender, erguendo os combalidos físicos, morais, econômicos e espirituais, em consequência experimentando a alegria de viver. A sintonia superior é indispensável para a erradicação dos compromissos perturbadores, dos hábitos perniciosos, dos instintos primários, que se fazem substituídos pelas expressões de nobreza, de honestidade e de bem-estar que lhe são inabituais.[22]

A *concentração* é necessária à manifestação dos Espíritos, pois antecede ao transe mediúnico, quando, então, ocorre a ligação mente a mente, entre o médium e o Espírito comunicante. Assinala Philomeno de Miranda que a concentração faz parte dos requisitos de atuação na reunião mediúnica: "[...] *Concentração*, por meio de cujo comportamento se dilatam os registros dos instrumentos mediúnicos, facultando sintonia com os comunicantes, adredemente trazidos aos recintos próprios para a assistência espiritual [...]".[23]

Importa enfatizar que a dispersão mental durante a reunião mediúnica pode ser tão prejudicial quanto o sono que alguns confrades não conseguem impedir, fator que repercutem na qualidade da prática mediúnica, abrindo-se, às vezes, as portas para interferência de entidades perturbadoras. Todo cuidado é necessário, como lembra Manoel P. de Miranda: "Nunca permitir-se ou se permitir adormecer durante a reunião, sob qualquer justificativa em que o fenômeno se lhe apresente, porque esse comportamento gera dificuldades para o conjunto, sendo lamentável essa auto permissão...".[24]

O êxito da prática mediúnica espírita exige da equipe que se dedica a essa, tarefa conhecimento doutrinário e esforço de melhoria moral, como recorda Manoel Philomeno de Miranda.

> A mediunidade, por mais vigor de que se revista, jamais produzirá com dignidade sob o açoite interno dos conflitos humanos, gerando a conduta reprochável do seu possuidor. Compromisso de gravidade, não se pode converter em instrumento de mercantilismo danoso nem de diversão para frívolos, sem consequências de alta periculosidade. Em face das Leis de Afinidade e de Sintonia que vigoram em toda parte, logo que a instrumentalidade mediúnica passa a emitir vibrações de baixo teor, torna-se campo de extenuantes combates com predominância de

viciações crescentes. Não poucas vezes são os Espíritos perversos que promovem a situação aflitiva, inspirando os médiuns às defecções morais em razão da sua fragilidade em relação aos valores éticos. No entanto, tornando-se presunçosos, recusam-se a meditar acerca das advertências que lhes chegam de ambos os planos da vida, negando-se ao autoexame do comportamento a que se afeiçoam, expulsando do convívio os amigos legítimos, que os passam a considerar como inimigos, enquanto se deixam arrastar pelos demais telementalizados dos referidos cruéis adversários que também os utilizam para a grande derrocada. Perdem os paradigmas da conduta, os parâmetros do equilíbrio, tornam-se irresponsáveis, alteram a linguagem para a compatibilidade com o chulo e o atrevido, enquanto se exaltam pensando erguer-se ao Olimpo da alucinação. Nessa fase, encontram-se instaladas as matrizes das obsessões de longo curso, e a queda ruidosa no abismo é somente questão de tempo.[25]

Merece destacar que a equipe de apoio da reunião mediúnica, por ser constituída por trabalhadores que transmitem maior quantidade de fluidos e as energias que *sustentam* o intercâmbio entre os dois planos de vida, devem impedir a divagação mental, mantendo-se atento ao desenrolar de todas as etapas da reunião, a fim de que possa auxiliar com proveito:

> [...] À equipe de apoio se reservam as responsabilidades da concentração, da oração, da simpatia aos comunicantes, acompanhando os diálogos com interesse e vibrando em favor do enfermo espiritual, a fim de que possa assimilar os conteúdos saudáveis que lhe são oferecidos [...].[26]

REFERÊNCIAS

1   FRANCO, Divaldo Pereira. *Mediunidade*: desafios e bênçãos. Pelo Espírito Manoel Philomeno de Miranda. 1. ed. 5. imp. Salvador, BA: LEAL, 2019. cap. 2, it. O fenômeno da morte, p. 23.

2   FRANCO, Divaldo Pereira. *Mediunidade*: desafios e bênçãos. Pelo Espírito Manoel Philomeno de Miranda. 1. ed. 5. imp. Salvador, BA: LEAL, 2019. cap. 14, p. 114.

3   FRANCO, Divaldo Pereira. *Mediunidade*: desafios e bênçãos. Pelo Espírito Manoel Philomeno de Miranda. 1. ed. 5. imp. Salvador, BA: LEAL, 2019. cap. 6, it. Inspiração mediúnica, p. 62.

4   FRANCO, Divaldo Pereira. *Mediunidade*: desafios e bênçãos. Pelo Espírito Manoel Philomeno de Miranda. 1. ed. 5. imp. Salvador, BA: LEAL, 2019. cap. 14, p. 114.

5   FRANCO, Divaldo Pereira. *Mediunidade*: desafios e bênçãos. Pelo Espírito Manoel Philomeno de Miranda. 1. ed. 5. imp. Salvador, BA: LEAL, 2019. cap. 15, it. Obsessões generalizadas, p. 129.

6   FRANCO, Divaldo Pereira. *Perturbações espirituais*. Pelo Espírito Manoel Philomeno de Miranda. 1. ed. 3. imp. Salvador, BA: LEAL, 2017. *Perturbações espirituais*, p. 9.

7   FRANCO, Divaldo Pereira. *Painéis da obsessão*. Pelo Espírito Manoel Philomeno de Miranda. 10. ed. Salvador, BA: LEAL, 2015. cap. 11, p. 98.

8   FRANCO, Divaldo Pereira. *Grilhões partidos*. Pelo Espírito Manoel Philomeno de Miranda. 16. ed. 1. imp. Salvador, BA: LEAL, 2019. cap. 20, p. 230.

9   FRANCO, Divaldo Pereira. *Mediunidade*: desafios e bênçãos. Pelo Espírito Manoel Philomeno de Miranda. 1. ed. 5. imp. Salvador, BA: LEAL, 2019. cap. 5, p. 54.

10 FRANCO, Divaldo Pereira. *Mediunidade*: desafios e bênçãos. Pelo Espírito Manoel Philomeno de Miranda. 1. ed. 5. imp. Salvador, BA: LEAL, 2019. cap. 14, p. 114.

11 FRANCO, Divaldo Pereira. *Reencontro com a vida*. Pelo Espírito Manoel Philomeno de Miranda. Salvador, BA: LEAL, 2015, cap. 7, p. 68.

12 FRANCO, Divaldo Pereira. *Mediunidade*: desafios e bênçãos. Pelo Espírito Manoel Philomeno de Miranda. 1. ed. 5. imp. Salvador, BA: LEAL, 2019. cap. 16, p. 135.

13 FRANCO, Divaldo Pereira. *Mediunidade*: desafios e bênçãos. Pelo Espírito Manoel Philomeno de Miranda. 1. ed. 5. imp. Salvador, BA: LEAL, 2019. cap. 17, p. 161.

14 FRANCO, Divaldo Pereira. *Mediunidade*: desafios e bênçãos. Pelo Espírito Manoel Philomeno de Miranda. 1. ed. 5. imp. Salvador, BA: LEAL, 2019. cap. 9, p. 77.

15 FRANCO, Divaldo Pereira. *Mediunidade*: desafios e bênçãos. Pelo Espírito Manoel Philomeno de Miranda. 1. ed. 5. imp. Salvador, BA: LEAL, 2019. cap. 9, p. 79.

16 FRANCO, Divaldo Pereira. *Mediunidade*: desafios e bênçãos. Pelo Espírito Manoel Philomeno de Miranda. 1. ed. 5. imp. Salvador, BA: LEAL, 2019. cap. 9, p. 80.

17 FRANCO, Divaldo Pereira. *Mediunidade*: desafios e bênçãos. Pelo Espírito Manoel Philomeno de Miranda. 1. ed. 5. imp. Salvador, BA: LEAL, 2019. cap. 6, it. Inspiração mediúnica, p. 62.

18 FRANCO, Divaldo Pereira. *Mediunidade*: desafios e bênçãos. Pelo Espírito Manoel Philomeno de Miranda. 1. ed. 5. imp. Salvador, BA: LEAL, 2019. cap. 7, p. 70.

19 FRANCO, Divaldo Pereira. *Transtornos psiquiátricos e obsessivos*. Pelo Espírito Manoel Philomeno de Miranda. 2. ed. 4. imp. Salvador, BA: LEAL, 2019. cap. 6, p. 105.

20 FRANCO, Divaldo Pereira. *Painéis da obsessão*. Pelo Espírito Manoel Philomeno de Miranda. 10. ed. Salvador, BA: LEAL, 2015. cap. 11, p. 103.

21 FRANCO, Divaldo Pereira. *Mediunidade*: desafios e bênçãos. Pelo Espírito Manoel Philomeno de Miranda. 1. ed. 5. imp. Salvador, BA: LEAL, 2019. cap. 8, p. 74.

22 FRANCO, Divaldo Pereira. *Reencontro com a vida*. Pelo Espírito Manoel Philomeno de Miranda. Salvador, BA: LEAL, 2015. cap. 7, p. 67.

23 FRANCO, Divaldo Pereira. *Grilhões partidos*. Pelo Espírito Manoel Philomeno de Miranda. 16. ed. 1. imp. Salvador, BA: LEAL, 2019. *Prolusão*, it "d", p. 15.

24 FRANCO, Divaldo Pereira. *Mediunidade*: desafios e bênçãos. Pelo Espírito Manoel Philomeno de Miranda. 1. ed. 5. imp. Salvador, BA: LEAL, 2019. cap. 9, p. 81.

25 FRANCO, Divaldo Pereira. *Tormentos da obsessão*. Pelo Espírito Manoel Philomeno de Miranda. 10. ed. 3. imp. Salvador, BA: LEAL, 2015. cap. 13, p. 167 e 168.

26 FRANCO, Divaldo Pereira. *Mediunidade*: desafios e bênçãos. Pelo Espírito Manoel Philomeno de Miranda. 1. ed. 5. imp. Salvador, BA: LEAL, 2019. cap. 9, p. 81

CAPÍTULO 2

A AÇÃO DA MENTE E DO PERISPÍRITO NA MEDIUNIDADE

A atividade mediúnica deve ser compreendida como sendo uma das mais belas e gratificantes formas de servir a Espiritualidade Superior e à Humanidade. O médium, com os seus pensamentos e ideias, palavras e ações, auxilia na propagação dos ensinamentos de Jesus, renascidos nos postulados espíritas, que incentiva a prática da caridade, na legítima acepção palavra. Em consequência, os Espíritos benfeitores contam sempre com os medianeiros sinceros para intermediarem consolo e esclarecimento espirituais aos irmãos encarnados.

O conhecimento dos mecanismos do intercâmbio mediúnico é fundamental não só para o médium, propriamente dito, e para os demais integrantes da reunião mediúnica, mas também para o espírita em geral. Sendo assim, apresentamos em seguida alguns conceitos-chave relacionados ao transe mediúnico.

2.1 A MENTE

A palavra *mente*, do latim *mens, mentis*, cujo significado é "espírito", "alma", significa [...] parte incorpórea, inteligente ou sensível do ser humano [...]".[1] No processo do intercâmbio mediúnico, bem como no desenvolvimento e educação da mediunidade, não podemos esquecer que a mente está na base da manifestação mediúnica dos Espíritos. Destaca-se, portanto, o imperativo de conhecer, ainda que em linhas gerais, como ocorre essa ligação mente a mente, e as consequências daí decorrentes: o controle do pensamento e das emoções:

> A direção correta e constante do pensamento esclarecido, que conhece as causas e finalidades da vida, realiza o controle das emoções, tornando os indivíduos nobres e equilibrados, que não se transtornam diante de

provocações, nem se apaixonam ante as sensações, ou se descompensam enfrentando o sofrimento.[2]

Atitudes como essas definem as boas intenções do espírita sincero que passa a agir como cooperador dos bons Espíritos, em sua missão de divulgar o bem no planeta. Assim, os médiuns verdadeiramente esclarecidos são os que, além de conhecer o que faz e por que faz, possuem humildade e vontade de auxiliar. Para tanto, é imprescindível envidar esforços que favoreçam sua saúde mental, como enfatiza Manoel P. de Miranda:

> Imprescindível que se estabeleça em caráter de urgência uma psicoterapia preventiva para a saúde mental, iniciando-se a programação através do estudo dos valores ético-morais que devem ser incorporados pelos indivíduos, mediante o cultivo do otimismo, das conversações e leituras salutares, da convivência fraternal motivadora de solidariedade, de afirmação e valorização da vida, elementos esses que propiciam a renovação interior e a preservação da paz como do equilíbrio, indispensáveis para que seja estabelecida essa saúde mental, decisiva para o progresso do homem.[3]

A par dessas considerações de natureza comportamental, entende-se que a "[...] mediunidade é expressão fisiopsíquica inerente ao homem, por cujo meio é-lhe possível entrar em contato com outras faixas vibratórias, além e aquém daquelas que são captadas pelos seus equipamentos sensoriais".[4]

A mente humana está mergulhada em um universo de vibrações que se manifestavam na forma de ondas, denominadas mentais ou psíquicas. Pelos processos de afinidade, sintonia e concentração, as ondas mentais se atraem ou se repelem. Ao pensar, o Espírito irradia o seu pensamento que é captado por outra mente ou outras mentes situadas na faixa vibracional equivalente.

> A percepção sensorial humana se encontra adstrita à pequena faixa de vibrações.
>
> Somente as eletromagnéticas que transitam entre o vermelho, que é a mais baixa frequência visível, e o violeta que lhe é o oposto, portanto, a mais alta, podem ser captadas em razão de permitirem vibrar as os terminais do nervo ótico na retina. As micro-ondas, as caloríferas, as de rádio, porque não correspondem a frequências cuja ressonância atinja a visão, não são percebidas, embora sejam portadoras da mesma natureza das cores registradas.

CAPÍTULO 2 A AÇÃO DA MENTE E DO PERISPÍRITO NA MEDIUNIDADE

Assim, no imenso espectro de frequências que abrange as ondas longas de rádio, chegando aos raios gama e cósmicos, a limitada visão do homem apenas seleciona mui pequena faixa, conforme referido.

A audição, da mesma forma, é-lhe muito reduzida. Captando sons que ocorrem entre 16 e 20 mil vibrações por segundo, perde a criatura para os animais, com capacidade muito maior de percepção, qual lhes ocorre também, na área da visão.[5]

Allan Kardec considera que, como o processo de comunicação é natural entre os humanos, decorrente mesmo das suas aquisições evolutivas, o fato da pessoa ter desencarnado nada o impede de comunicar-se com outro ser humano:

> Vivendo o mundo visível em meio do mundo invisível, com o qual se acha em contato perpétuo, segue-se que eles reagem incessantemente um sobre o outro, reação que constitui a origem de uma imensidade de fenômenos que foram considerados sobrenaturais, por não se conhecer a sua causa. A ação do mundo invisível sobre o mundo visível e vice-versa é uma das leis, uma das forças da natureza, tão necessária à harmonia universal quanto a lei de atração [...].[6]

O médium é o indivíduo que possui a faculdade de comunicação mais evidente, desenvolvida naturalmente ao longo das inúmeras reencarnações ou manifestada por força de planificação reencarnatória. Segundo a terminologia espírita, o médium é o agente da comunicação mediúnica. É o instrumento utilizado pelos Espíritos para se manifestarem no plano físico. O Codificador Allan Kardec, elucida:

> Os fenômenos decorrentes da manifestação dos Espíritos forneceram, pela sua natureza mesma, larga contribuição aos fatos reputados maravilhosos. Tempo, contudo, viria em que, conhecida a lei que os rege, eles entrariam, como os outros, na ordem dos fatos naturais. Esse tempo chegou, e o Espiritismo, dando a conhecer essa lei, apresentou a chave para a interpretação da maior parte das passagens incompreendidas das Escrituras sagradas que a isso aludem e dos fatos tidos por miraculosos.[7]

Os médiuns não são, portanto, pessoas excepcionais, seres privilegiados da Criação, mas pessoas que trazem à reencarnação aprimorada capacidade de comunicação mental que extrapola os sentidos corporais. Devida a essa peculiaridade, as percepções mediúnicas são denominadas de extrassensoriais (além dos sentidos). E, enquanto faculdade mental, utiliza órgãos do corpo físico para se expressar, tal como acontece a qualquer outra faculdade humana. A mediunidade apresenta, entretanto, graus de desenvolvimento e diferentes tipos de expressão, mas a base da manifestação mediúnica repousa na mente.

Na sutil tecelagem energética que se condensa e constitui o mundo visível, ondas, vibrações, campos mentais e estruturas psíquicas interpenetram-se, tomando formas, alterando contornos, surgindo e desaparecendo ininterruptamente.

O ser humano é, essencialmente, aquilo que cultiva na área mental, movimentando-se na faixa do pensamento que lhe caracteriza o clima existencial.

Exteriorizando ondas mentais contínuas, sincroniza com outras de teor vibratório equivalente, que passam a corporificar-se em organização delicada, sendo reabsorvidas e eliminadas conforme a intensidade da ideação.

Saúde e doença, equilíbrio, desarmonia emocional e mental são resultados inevitáveis da exteriorização de cada ser.

Nesse oceano de vibrações em que todos se encontram mergulhados, os indivíduos conduzem-se nas faixas de identificação própria, sintonizando com os semelhantes e deles haurindo idênticas exteriorizações.[8]

2.2 PERISPÍRITO

Para transmitir ideias provenientes de um Espírito, a mente do médium não age diretamente sobre o corpo físico, mas por meio do *perispírito*, como ensina Kardec:

> O perispírito serve de intermediário entre o Espírito e o corpo. É o órgão de transmissão de todas as sensações. Em relação às que vêm do exterior, pode-se dizer que o corpo recebe a impressão; o perispírito a transmite, e o Espírito, que é o ser sensível e inteligente, a recebe. Quando o ato é de iniciativa do Espírito, pode-se dizer que o Espírito quer, o perispírito transmite, e o corpo executa.[9]

A Doutrina Espírita ensina que os Espíritos

> [...] têm um corpo fluídico, a que se dá o nome de *perispírito*. Sua substância é haurida do fluido universal ou cósmico, que o forma e alimenta, como o ar forma e alimenta o corpo material do homem. O perispírito é mais ou menos etéreo, conforme os mundos e o grau de depuração do Espírito. Nos mundos e nos Espíritos inferiores, ele é de natureza mais grosseira e se aproxima muito da matéria bruta.[10]

CAPÍTULO 2 A AÇÃO DA MENTE E DO PERISPÍRITO NA MEDIUNIDADE

Kardec prossegue em seus esclarecimentos:

> Durante a encarnação, o Espírito conserva o seu perispírito, não passando o corpo, para ele, senão de um segundo envoltório mais grosseiro, mais resistente, apropriado às funções que deve executar e do qual o Espírito se despoja por ocasião da morte.[11]

Fica evidente, portanto, que o perispírito encontra-se presente no Espírito desencarnado e possui todos os órgãos e estruturas biológicas, pois serve de molde para a construção do corpo físico.

O perispírito é de natureza semimaterial,

> [...] intermediário entre o Espírito e o corpo. É preciso que seja assim para que eles possam comunicar-se um com o outro. Por meio desse laço é que o Espírito atua sobre a matéria e vice-versa.
>
> O homem é, portanto, formado de três partes essenciais:
>
> 1º) o corpo ou ser material, análogo ao dos animais e animado pelo mesmo princípio vital;
>
> 2º) a alma, Espírito encarnado que tem no corpo a sua habitação;
>
> 3º) o princípio intermediário, ou *perispírito*, substância semimaterial que serve de primeiro envoltório ao Espírito e une a alma ao corpo. *Tais são, num fruto, a semente, a polpa e a casca.*[12]

Manoel Philomeno de Miranda transmite informações importantes que nos permitem ampliar o conhecimento a respeito do perispírito:

> Portador de expressiva capacidade plasmadora, o perispírito regista todas as ações do Espírito através dos mecanismos sutis da mente que sobre ele age, estabelecendo os futuros parâmetros de comportamento, que serão fixados por automatismos vibratórios nas reencarnações porvindouras.
>
> *Corpo intermediário* entre o ser pensante, eterno, e os equipamentos físicos, transitórios, por ele se processam as imposições da mente sobre a matéria e os efeitos dela em retorno a causa geratriz.[13]

Com muita propriedade, bem antes, Kardec já nos esclarecia o assunto do assunto:

> É por meio do perispírito é que os Espíritos atuam sobre a matéria inerte e produzem os diversos fenômenos mediúnicos. Sua natureza etérea não é que a isso obstaria, pois se sabe que os mais poderosos motores se nos deparam nos fluidos mais rarefeitos e nos mais imponderáveis. Não há, pois, motivo de espanto quando, com essa alavanca, os Espíritos produzem certos efeitos físicos, tais como pancadas e ruídos de toda espécie,

levantamento, transporte ou lançamento de objetos. Para explicarem-se esses fatos, não há porque recorrer ao maravilhoso, nem ao sobrenatural.[14]

Em síntese, fica evidente que é pelo perispírito que o Espírito se liga ao corpo na reencarnação. E, é também com ele que transita no Mundo Espiritual, após a morte física. É fundamental está atento de que o perispírito é constituído de matéria que se encontra em outra faixa de vibração, denominada *quintessenciada*, oriunda do Fluido Cósmico Universal, como todos os demais corpos materiais da Natureza. Philomeno de Miranda acrescenta: "Constituído por campos de forças mui especiais, ele irradia vibrações específicas portadoras de carga própria que facultam a perfeita sintonia com energias semelhantes, estabelecendo áreas de afinidade e repulsão de acordo com as ondas emitidas".[15]

Em *O livro dos médiuns* constam outras informações de Allan Kardec a respeito do perispírito, úteis à prática mediúnica:

> Como se vê, o perispírito é o princípio de todas as manifestações. O conhecimento dele foi a chave que explicou uma porção de fenômenos e permitiu que a ciência espírita desse largo passo, fazendo-a enveredar por novo caminho, ao lhe tirar todas as características de maravilhosa. Foram os próprios Espíritos – e eles mesmos nos indicaram o caminho – que explicaram a ação do Espírito sobre a matéria, do movimento dos corpos inertes, dos ruídos e das aparições. Aí encontraremos também a explicação de muitos outros fenômenos que examinaremos antes de passarmos ao estudo das comunicações propriamente ditas. Quanto mais nos inteirarmos de suas causas fundamentais, tanto melhor as compreenderemos. Bem compreendido aquele princípio, facilmente o aplicaremos aos diversos fatos que se apresentam à observação.[16]

Em *Obras póstumas*, Kardec destaca a importância do conhecimento sobre o perispírito na produção dos fenômenos mediúnicos e, inclusive, no desenvolvimento da faculdade mediúnica.

> O fluido perispirítico é o agente de todos os fenômenos espíritas, que só se podem produzir pela ação recíproca dos fluidos que emitem o médium e o Espírito. O desenvolvimento da faculdade mediúnica depende da natureza mais ou menos expansível do perispírito do médium e da maior ou menor facilidade da sua assimilação pelo dos Espíritos; depende, portanto, do organismo e pode ser desenvolvida quando exista o princípio; não pode, porém, ser adquirida quando o princípio não exista [...].[17]

Reproduzimos, em seguida, conclusões de Philomeno de Miranda relacionadas à interação permanente interação do perispírito em todas as atividades humanas, inclusive nas mediúnicas.

2.3 INTERAÇÃO MENTE-PERISPÍRITO-CORPO FÍSICO

> [...] O conjunto – Espírito ou mente, perispírito ou psicossoma e corpo ou soma – é tão entranhadamente conjugado no processo da reencarnação que, em qualquer período da existência, são articulados ou desfeitos sucessivos equipamentos que procedem da ação de um sobre o outro. O Espírito aspira e o perispírito age sobre os implementos materiais, dando surgimento a respostas orgânicas ou a fatos que retornam à fonte original, como efeito da ação física que o mesmo corpo transfere para o ser eterno, concedendo-lhe crédito ou débito que se incorpora à economia da vida planetária. [...].[18]
>
> Espírito e corpo, mente e matéria não são partes independentes do ser, mas complementos um do outro, que se inter-relacionam poderosamente por meio do psicossoma ou corpo intermediário – perispírito – encarregado de plasmar as necessidades evolutivas do seu eterno na forma física e conduzir as emoções e ações às telas sutis da energia pensante, imortal, então reencarnada. Sem essa visão da realidade do homem, a sua análise é sempre deficiente e o conhecimento sobre ele de pequena monta.[19]
>
> Os traumas, os estresses, os desconcertos psíquicos e as manifestações genéticas estão impressos nesse corpo intermediário, que é o *modelo organizador biológico* sob a ação do Espírito em processo de evolução, e irão expressar-se no campo objetivo como necessidade moral de reparação de crimes e erros antes praticados. Se aquelas causas não procedem desta existência, hão de ter sido de outra anterior. Igualmente, as conquistas do equilíbrio, da saúde, da inteligência, do idealismo resultam das mesmas realizações atuais ou transatas que assinalam o ser. [...].[19]

REFERÊNCIAS

1   HOUAISS, Antônio; VILLAR, Mauro de Salles. *Dicionário Houaiss da língua portuguesa*. 1. ed. Rio de Janeiro: Objetiva, 2009. p. 1.274.

2   FRANCO, Divaldo Pereira. *Temas da vida e da morte*. Pelo Espírito Manoel Philomeno de Miranda. 7. ed. 3. imp. Brasília, DF: FEB, 2018. cap. *Pensamentos e emoções*.

3   FRANCO, Divaldo Pereira. *Temas da vida e da morte*. Pelo Espírito Manoel Philomeno de Miranda. 7. ed. 3. imp. Brasília, DF: FEB, 2018. cap. *Saúde mental*.
4   FRANCO, Divaldo Pereira. *Temas da vida e da morte*. Pelo Espírito Manoel Philomeno de Miranda. 7. ed. 3. imp. Brasília, DF: FEB, 2018. cap. *Psiquismo mediúnico*.
5   FRANCO, Divaldo Pereira. *Temas da vida e da morte*. Pelo Espírito Manoel Philomeno de Miranda. 7. ed. 3. imp. Brasília, DF: FEB, 2018. cap. *Psiquismo mediúnico*.
6   KARDEC, Allan. *Obras póstumas*. Trad. Evandro Noleto Bezerra. 2. ed. 4. imp. Brasília, DF: FEB, 2019. 1ª pt., cap. *Manifestações dos Espíritos*, it. Caráter e consequências religiosas das manifestações dos Espíritos, n. 2.
7   KARDEC, Allan. *Obras póstumas*. Trad. Evandro Noleto Bezerra. 2. ed. 4. imp. Brasília, DF: FEB, 2019. 1ª pt., cap. *Manifestações dos Espíritos*, it. Caráter e consequências religiosas das manifestações dos Espíritos, n. 4.
8   FRANCO, Divaldo Pereira. *Mediunidade*: desafios e bênçãos. Pelo Espírito Manoel Philomeno de Miranda.1. ed. 5. imp. Salvador, BA: LEAL, 2019. cap. 4, p. 44.
9   KARDEC, Allan. *Obras póstumas*. Trad. Evandro Noleto Bezerra. 2. ed. 4. imp. Brasília, DF: FEB, 2019. 1ª pt., cap. *Manifestações dos Espíritos*, it. I O perispírito como princípio das manifestações, n. 10.
10 KARDEC, Allan. *Obras póstumas*. Trad. Evandro Noleto Bezerra. 2. ed. 4. imp. Brasília, DF: FEB, 2019. 1ª pt., cap. *Manifestações dos Espíritos*, it. I O perispírito como princípio das manifestações, n. 9.
11 KARDEC, Allan. *Obras póstumas*. Trad. Evandro Noleto Bezerra. 2. ed. 4. imp. Brasília, DF: FEB, 2019. 1ª pt., cap. *Manifestações dos Espíritos*, it. I O perispírito como princípio das manifestações, n. 10.
12 KARDEC, Allan. *O livro dos espíritos*. Trad. Evandro Noleto Bezerra. 4. ed. 9. imp. Brasília, DF: FEB, 2020. q. 135-a, comentário de Kardec à q. 135-a.
13 FRANCO, Divaldo Pereira. *Temas da vida e da morte*. Pelo Espírito Manoel Philomeno de Miranda. 7. ed. 3. imp. Brasília, DF: FEB, 2018. cap. *Pensamento e perispírito*.
14 KARDEC, Allan. *Obras póstumas*. Trad. Evandro Noleto Bezerra. 2. ed. 4. imp. Brasília, DF: FEB, 2019. 1ª pt., cap. *Manifestações dos Espíritos*, it. I O perispírito como princípio das manifestações, n. 13.

15 FRANCO, Divaldo Pereira. *Temas da vida e da morte*. Pelo Espírito Manoel Philomeno de Miranda. 7. ed. 3. imp. Brasília, DF: FEB, 2018. cap. *Pensamento e perispírito*.
16 KARDEC, Allan. *O livro dos médiuns*. Trad. Evandro Noleto Bezerra. 2. ed. 6. imp. Brasília, DF: FEB, 2020. 2ª pt., cap. 6, it. 109.
17 KARDEC, Allan. *Obras póstumas*. Trad. Evandro Noleto Bezerra. 2. ed. 4. imp. Brasília, DF: FEB, 2019. 1ª pt., cap. *Manifestações dos Espíritos*, it. VI – Médiuns, n. 34.
18 FRANCO, Divaldo Pereira. *Temas da vida e da morte*. Pelo Espírito Manoel Philomeno de Miranda. 7. ed. 3. imp. Brasília, DF: FEB, 2018. cap. *Pensamento e perispírito*.
19 FRANCO, Divaldo Pereira. *Trilhas da libertação*. Pelo Espírito Manoel Philomeno de Miranda, 10. ed. 3. imp. Brasília, DF: FEB, 2014. cap. *Medicina holística*.

CAPÍTULO 3

O TRANSE MEDIÚNICO

O conhecimento coerente, ordenado e simples da mediunidade, favorecido pelo estudo de *O livro dos médiuns*, tem como finalidade imediata preparar e esclarecer os integrantes da reunião mediúnica, em especial os médiuns e dialogadores, para que possam atuar com segurança e serenidade durante as manifestações dos Espíritos. Destaca-se, nesse sentido, o entendimento do que caracteriza o transe mediúnico, propriamente dito, as suas sutilezas, graus e propriedades, assim como o envolvimento fluídico e a ação do perispírito e da mente.

3.1 CONCEITOS DE TRANSE

Extraímos do dicionário três conceitos de transe, respectivamente, o antropológico, o psicológico e o hipnótico, que são observáveis na prática mediúnica:[1]

> Fenômeno religioso e social de representação coletiva, no qual o médium experimenta um sentimento de identificação com comportamentos correspondentes a determinada divindade ou entidade. Usual nas manifestações mediúnicas, o médium se expressa de acordo com a personalidade do Espírito comunicante.
>
> Estado afim do sono ou da alteração da consciência, marcado por reduzida sensibilidade a estímulos, perda ou alteração do conhecimento do que se sucede à volta e substituição da atividade voluntaria pela automática. Verificável sobretudo nos estados mais aprofundados do transe, condição que caracteriza o sonambulismo, mediúnico e/ou anímico.
>
> Induzido por hipnose. Ocorrência utilizada, inclusive, por Espíritos obsessores.

O foco do nosso estudo é o transe mediúnico, viabilizado pela pesquisa nas obras de Allan Kardec e nas do venerável benfeitor Manoel Philomeno de Miranda. Entretanto, como o conceito de transe é amplo e, em determinadas condições, pode ser confundido como o transe mediúnico, apresentaremos, em seguida, algumas ideias gerais relacionadas ao assunto.

O *transe mediúnico* é um estado de alteração da consciência decorrente do contato mente a mente, ocorrida entre o médium e o Espírito comunicante.

Nessa situação, há rebaixamento da atividade psíquica consciente, a ponto de, nos transes profundos, o médium revelar um certo grau de distanciamento do que ocorre à sua volta, no plano físico. Entretanto, independentemente da gradação do transe, este é entendido como sendo expressão natural da faculdade mediúnica, assim definida por Manoel Philomeno de Miranda:

> A mediunidade não é uma graça divina, nem um processo adivinhatório, ou ainda recurso mirabolante para saciar a sede das novidades humanas... É uma conquista adquirida através da evolução para o intercâmbio espiritual, para a iluminação de consciências e crescimento espiritual.
>
> [...]
>
> A mediunidade é faculdade da alma que no corpo se reveste do arcabouço de células para facultar a captação das ondas e vibrações sutis além da esfera física. [2]

É justamente essa captação de ondas e vibrações mentais sutis, provenientes de outras mentes, que afasta o médium, momentaneamente, do estado alerta ou de consciência que determina a sua vida de relação, no plano de onde se encontra. Com a prática mediúnica harmônica, o médium educa a sua capacidade de captação mental e aperfeiçoa a interpretação das ideias que originam de outras mentes, discernindo, inclusive, o que provém dos encarnados e dos desencarnados: "A mediunidade é expressão fisiopsíquica inerente ao homem, por cujo meio é-lhe possível entrar em contato com outras faixas vibratórias, além e aquém daquelas que são captadas pelos seus equipamentos sensoriais". [3]

O médium é, portanto, o indivíduo que possui a faculdade psíquica, mais ou menos desenvolvida, denominada mediunidade pelo Espiritismo, ou paranormalidade para a parapsicologia e ciências afins. A mediunidade é meio de comunicação entre Espíritos desencarnados e encarnados – ainda que esse processo de comunicação possa ocorrer em qualquer plano existencial: entre os encarnados e entre os desencarnados. Entretanto, a despeito da mediunidade ser faculdade psíquica natural do ser humano, os médiuns são muitas vezes consideradas pessoas portadoras de distúrbios mentais, obviamente por desconhecimento do assunto, como bem esclarece Philomeno de Miranda:

> Não obstante, a desinformação ou má vontade teimam em associar à loucura e à neurose a presença dos registros mediúnicos.
>
> As disposições pessoais para os desequilíbrios são inatas no homem, que neles estão em gérmen, assomando e predominando como psicopatologias em todos os campos de atividade nos quais se encontram esses indivíduos.[4]

O benfeitor complementa suas ideias com estes lúcidos comentários:

> Desse modo, é destituído de realidade o conceito que se vulgariza entre os desconhecedores do Espiritismo e, por extensão, da mediunidade, que o exercício dessa predisposição leva o seu possuidor à desarmonia mental, ou propicia-lhe má sorte, desconcertos sociais e econômicos.
>
> O desenvolvimento ou educação da mediunidade oferece uma instrumentação a mais, um *sexto sentido* de grande de valor para complementar a precariedade de recursos e funções de que dispõe o Espírito encarnado.
>
> [...]
>
> Instrumento delicado, a mediunidade mais se afirma quanto mais exercida, granjeando melhores e mais sutis possibilidades como decorrência do exercício a que vai submetida.
>
> Não procedem desse modo, as alegações a respeito de que a mediunidade é *miséria psicológica* ou responsável pelos danos que afligem aquelas pessoas dotadas.
>
> O conhecimento de tão peregrina função ou dom da vida auxilia o crescimento moral e o desenvolvimento psíquico, criando um clima de paz invejável, que passa a desfrutar aquele que a respeita e a utiliza corretamente.
>
> Allan Kardec afirmou com altas razões que ela é manifestação *anômala*, às vezes, na personalidade humana, porque especial; jamais, porém, de natureza patológica, visto que "há médiuns de saúde robusta; os doentes o são por outras causas.[5]

Os médiuns, por isso mesmo, são pessoas comuns, portadoras de paranormalidade. O comportamento moral que se impõem elege-os à felicidade ou condu-los às angústias demoradas [...]. Neutra, em si mesma, a faculdade mediúnica é instrumento para comunicar com os Espíritos, que a moral da criatura humana direcionará conforme a evolução espiritual em que se encontre incursa.[6]

O transe pode ocorrer em outras situações. *Pode ser induzido por hipnose*, condição em que o hipnotizador associa recursos da sugestabilidade com os fluidos magnéticos. O transe hipnótico pode identificado comumente em três situações: a) fins terapêuticos, que trazem consigo várias práticas de regressão da memória, erradicação de vícios e tratamento psicológico; b) espetáculos circenses ou teatrais utilizado por taumaturgos ou adivinhos; c) processos obsessivos. Quanto à obsessão Philomeno de Miranda enfatiza:

> Quando ocorre uma vigorosa afinidade entre um agente e um paciente nas obsessões, seja resultante dos vínculos do ódio ou do amor doentio, os *plugues* do ser desencarnado encaixam-se enérgica e perfeitamente nas *tomadas* morais e psíquicas daquele que lhe sofre a injunção penosa, dando lugar aos lamentáveis fenômenos de subjugação.
>
> A princípio, pode instalar-se o quadro deprimente com força, de um para outro momento, alienando o infeliz calceta que não se apercebeu da situação calamitosa, do sítio de que foi vítima antes do golpe certeiro e terminal. Em casos de tal natureza, a obsessão é sempre confundida com um dos diversos surtos que caracterizam as várias psicopatologias [...].
>
> [...]
>
> De outra maneira, pode ocorrer lentamente, iniciando-se nos simples fenômenos de hipnose por parte do vingador, que se vai apoderando da usina mental da sua vítima, fixando-lhe ideias deprimentes e perturbadoras. Lentamente, a onda mental do obsessor assenhoreia-se dos centros pensantes do invigilante, que passa a ser tele mentalizado pelo outro, o atuante persistente, de tal forma contínua que o seu raciocínio cede campo ao invasor, que passa a dominar-lhe os centros da vontade, do discernimento, da emoção...
>
> Instalada a parasitose espiritual, o invasor passa a nutrir-se das energias daquele em quem fincou raízes mentais, exaurindo-o, a pouco e pouco, culminando, quando o processo se prolonga, numa simbiose em que passa a depender das forças vitais que usurpa...[7]

Por último, há uma modalidade de transe induzido que não caracteriza a ação de um hipnotizador ou de Espírito obsessor: é o *transe farmacológico*, provocado pela ação de substâncias psicoativas, em geral de natureza viciante. Incluem nesse tipo de transe induzido as bebidas alcoólicas que, infelizmente, são de uso disseminado na sociedade moderna.

> Todos os indivíduos inseguros e conflituosos são vítimas em potencial do uso e do tráfico de drogas que se encontram ao alcance de quantos desejem usá-las.
>
> Por outro lado, a facilidade com que se vendem produtos farmacêuticos geradores de dependência química e propiciadores de transes alucinógenos ou de sensações de aparente paz, de relaxamento, torna-se também estímulo poderoso para iniciações perigosas que terminam em abuso de substâncias destrutivas dos neurônios cerebrais e responsáveis por outros danos orgânicos irreparáveis e de alta essencialidade para a existência do ser.[8]

3.2 INTERAÇÕES FLUÍDICAS E PERISPIRITUAIS DURANTE O TRANSE MEDIÚNICO

O transe mediúnico decorre das interações entre o Espírito comunicante, ou não, e o médium. Começa pelo estabelecimento de um certo grau de afinidade fluídica, como pondera Allan Kardec:

> [...] Para que um Espírito possa comunicar-se, é preciso que haja relações fluídicas entre ele e o médium, que nem sempre se estabelecem instantaneamente. Só à medida que a faculdade se desenvolve é que o médium adquire pouco a pouco a aptidão necessária para pôr-se em comunicação com o Espírito que se apresente.[9]

Essa imprescindível interação fluídica decorre da expansão do perispírito do médium e do comunicante:

> [...] Em virtude da sua natureza etérea, o Espírito, propriamente dito, não pode atuar sobre a matéria grosseira, sem intermediário, isto é, sem o elemento que o liga à matéria. Esse elemento, que constitui o que chamais perispírito, vos faculta a chave de todos os fenômenos espíritas de ordem material [...].[10]

O Codificador prossegue, fornecendo outros esclarecimentos:

> Sendo os fluidos o veículo do pensamento, este atua sobre os fluidos como o som sobre o ar; eles nos trazem o pensamento, como o ar nos

traz o som. Pode-se, pois, dizer, sem receio de errar, que há, nesses fluidos, ondas e raios de pensamentos, que se cruzam sem se confundirem, como há no ar ondas e vibrações sonoras.[11]

Outro ponto a considerar é a qualidade do fluido emitido: harmônico nos Espíritos Superiores e desarmônico, em diferentes graus, nos Espíritos desajustados. Enquanto os primeiros beneficiam os medianeiros, os segundo são beneficiados pelo médium educado e sereno. Todavia, nas manifestações de Espíritos desarvorados, genericamente denominados sofredores, é comum os benfeitores espirituais prevenir os participantes da reunião a respeito, antes que inicie intercâmbio mediúnico, propriamente dito. Trata-se de uma medida de prudência, espécie de lembrete dos benfeitores, a fim que o intercâmbio entre os dois planos da vida transcorra em clima ameno, de serenidade e seriedade. Como ilustração, citamos a seguinte admoestação do Espírito Ignácio Ferreira, transmitida por Manoel P. de Miranda, que foi dirigida aos integrantes de um grupo mediúnico antes do atendimento a Espíritos que apresentavam significativo estado de perturbação espiritual:

> Solicitou aos membros do labor mediúnico a contribuição consciente em favor do êxito do empreendimento pioneiro, naquelas circunstâncias, de modo a poder-se realizar um ministério grave quão produtivo em benefício dos aflitos de ambos os planos da vida.
>
> Esclareceu, bondosamente, que os médiuns, em particular aqueles que se dedicavam ao intercâmbio iluminativo com os facínoras e perversos do Além, se precatassem contra as ciladas que lhes seriam apresentadas, com o objetivo de desarticular o trabalho, muito do agrado daqueles que ainda se comprazem no mal resultante da ignorância.
>
> Instou, gentil, mas conciso, para que não permitissem medrar no grupo o escalracho das incompreensões, repontando como ciúmes, maledicências, suspeitas infundadas, todas as banalidades infantis que o ego preserva, a fim de gerar situações perturbadoras.[12]

Prosseguindo no assunto, Ignácio Ferreira enfatizou o que os orientadores espirituais esperam dos membros encarnados da reunião mediúnica:

> Uma reunião mediúnica específica para atendimento aos obsessos e alienados mentais de ambos os lados da vida é de alta responsabilidade

para todos os seus membros, que devem compreender lhe o significado, esforçando-se para corresponder a confiança dos Mentores espirituais programadores do trabalho, interessados na boa execução do compromisso.

Advertiu com delicadeza para as situações geradoras do sono, resultado de intoxicações de vária ordem, para a pontualidade que não deve ser desconsiderada, para as disciplinas morais e, sobretudo, para a discrição em torno das ocorrências que ali tivessem lugar, evitando comentários desnecessários após o seu encerramento.

Sugeriu, igualmente, uma breve avaliação, quando se fizesse oportuno, das comunicações, a fim de criar-se uma segura interação entre o psicoterapeuta dos desencarnados com os mesmos e com os médiuns, cada qual explicando a sintomatologia emocional e física experimentada durante o transe, que poderia contribuir para melhor entendimento da comunicação e união entre todos.[13]

3.3 RESSONÂNCIA MENTAL DURANTE O TRANSE MEDIÚNICO

A ligação mental transcorrida entre médium e Espírito comunicante durante o transe mediúnico está vinculada aos princípios da *ressonância*, explica Manoel P. de Miranda. A palavra *ressonância* é o mesmo que repercussão ou reverberação de sons, denominados *ecos*, que surgem em decorrência da reflexão de ondas sonoras provocada por um obstáculo ou força externa; surgem na Natureza porque o som emitido foi refletido por um obstáculo ou força. Para a Física, *ressonância* é o "[...] estado de um sistema que vibra em frequência própria acentuadamente maior, como resultado de estímulos externos que possuem a mesma frequência de vibração [...]".[14] Em outras palavras, quando se introduz uma força vibratória externa em um sistema, ocorre aumento da sua frequência vibratória que passa a vibrar mais intensamente, produzindo ressonâncias ou ecos.

De forma similar, durante o transe mediúnico, surgem no mundo íntimo do médium percepções, sensações e construções de ideias, decorrentes da ação da uma força externa que é a mente do comunicante desencarnado. Eis como Philomeno de Miranda informa o processo, de forma simples e brilhante:

[...] Afirmamos que esse intercâmbio é resultado da ressonância que se exterioriza dos fulcros pensantes do ser na transitoriedade carnal. Interagem as vibrações que são exteriorizadas pelos homens e pelos Espíritos, retornando como *partículas de psicotrons* dirigindo-se ao epicentro gerador de energias. Esse retorno caracteriza-se pela intensidade do campo vibratório atravessado pela onda de que se faz veículo, facultando o processo de intercâmbio na faixa em que se situa, identificando-se com outras mentes desencarnadas que se movimentam na esfera extrafísica.[15]

O transe mediúnico produz, então, acoplamento e interação de ondas mentais provenientes de duas fontes distintas: do médium e do Espírito comunicante. Mas para que ocorra ressonância de uma mente sobre a outra, e subsequente manifestação mediúnica, o intercâmbio de ondas mentais é mantido dentro de uma faixa vibracional, a fim de que o médium possa interpretar as intenções e desejos do comunicante, e vice-versa.

Assim como a ressonância de vibrações sonoras produzem os ecos na Natureza, a ressonância de irradiações mentais produzirá, igualmente, ecos do pensamento na mente mediúnica. Ambas as formas de ressonância são produzidas por ondas de natureza eletromagnética, não há dúvida, a diferença é que as primeiras ressoam no mundo físico, enquanto as segundas reverberam no mundo mental, como assinala o orientador espiritual: "A ressonância é o retorno de uma onda que, ao ser enviada, volve ao ponto de procedência e encontra a mesma qualidade vibratória com a qual se identifica".[16]

Philomeno de Miranda esclarece também que as vibrações mentais favorecedoras da interação mente a mente, são constituídas de *partículas de psicotrons*. Trata-se de um neologismo apresentado pelo benfeitor que merece ser melhor compreendido.

Partículas de psicotrons é expressão relacionada ao termo *pósitrons* que, segundo a Física, são partículas elementares, consideradas antimatéria. Os *pósitrons* apresentam semelhanças entre si, exceto quanto à carga elétrica (ou carga eletromagnética), que é diferente. O pósitron é a antimatéria do elétron, mas o elétron tem carga elétrica negativa, enquanto o pósitron tem carga elétrica positiva. Agora, quanto à palavra *psicotron*, introduzida por Philomeno de Miranda, essa seria, de forma similar ao pósitron, uma partícula elementar, mas de natureza *psíquica*. Ou seja, uma *antimatéria psíquica* cujas partículas ressoam no universo mental dos envolvidos no intercâmbio mediúnico. Trata-se de um conceito inovador, mas muito lógico.

> A predisposição mediúnica é atributo do Espírito que o corpo expressa através das células que o constituem, a fim de propiciar o intercâmbio entre os seres que estagiam em áreas de vibrações diferentes, especialmente os desencarnados, facultando as comunicações entre os dois planos da vida.
>
> À semelhança da inteligência, que tem suas raízes no ser imortal e se expressa através dos neurônios cerebrais, apresenta-se a mediunidade sob um elenco amplo de características e tipos apropriados.[17]

Pesquisadores, cientistas e significativa parcela da humanidade terrestre ainda apresentam visão limitada a respeito das possibilidades psíquicas do ser humano, em geral considerado apenas em função dos seus implementos corporais, e inserido no espaço-tempo nascimento e morte. Aspectos como imortalidade ou sobrevivência do Espírito, após a morte do corpo físico; o prosseguimento da vida no Além-Túmulo, que é rica e extenuante; as influências contínuas, sutis ou evidentes dos desencarnados no mundo corporal; a comunicabilidade entre os diferentes planos de vida, o físico e o espiritual etc., são temas que ainda precisam ser mais bem compreendidos. Contudo, como somos governados pela Lei do Progresso, cedo ou tarde, a mediunidade, os médiuns e a comunicabilidade dos Espíritos, entre outros, hoje restrito aos estudos espíritas, serão de domínio público.

> A visão quântica do mundo, ao invés de ratificar o materialismo ancestral, ofereceu respostas seguras para o espiritualismo em geral e para o Espiritismo em particular.
>
> Nesse infinito campo de energias em diferentes estados de manifestação vibratória, a realidade maior é a do Espírito imortal, agente do corpo e por ele responsável.
>
> Advindo-lhe a desintegração das moléculas pelo fenômeno da morte ou transformação biológica, o Espírito prossegue, independente, em sintonia com os campos vibratórios nos quais se movimentou.
>
> A interferência psíquica ocorre naturalmente em processo de afinidade, permitindo que o desencarnado transmita aos seres terrestres, nos seus corpos, as ideias, os impulsos, a inspiração.[18]

Ao iniciar o intercâmbio mediúnico, o médium é envolvido pelos fluidos do Espírito comunicante. Logo após, ao captar as vibrações fluídico-energéticas do Espírito, o médium se apercebe, através de sensações, que essas podem ser boas ou ruins, identificando, assim, a situação em que o Espírito comunicante se encontra. Prosseguindo no processo de comunicação, o médium sente um efeito entorpecedor, produzido por esses fluidos magnéticos, que agem no seu perispírito, de imediato, no seu córtex cerebral. O medianeiro sofre um rebaixamento psíquico, próprio do estado de transe, afastando-se do meio onde se encontra. Isso será tanto maior quanto for o estado de transe e tanto quanto seu perispírito se desligar do corpo físico. É um momento especial, onde o médium vive em dois planos de vida. E para vivenciar com proveito moral esse instante, Manoel Philomeno de Miranda ensina como os devem agir os médiuns, em sua condição de instrumento ou intermediário entre os dois planos da vida:

> O médium sincero, mais do que outro lidador laborioso em qualquer área de ação, encontra-se em constante perigo, necessitando de aplicar a vigilância e a oração com frequência, de modo a manter-se em paz ante o cerco das Entidades ociosas e vingadoras da Erraticidade inferior. Isto porque, comprazendo-se na prática do mal, a que se dedicam, as mesmas entidades transformam-se em inimigos gratuitos de todos aqueles que lhes parecem ameaçar a situação em que se encontram.
>
> Por isso mesmo, a prática mediúnica reveste-se de seriedade e de entrega pessoal, não dando espaço para o estrelismo, as competições doentias e as tirânicas atitudes de agressão a quem quer que seja...
>
> Devendo ser passivo, o médium, a fim de bem captar o pensamento que verte das Esferas superiores, cuida do próprio comportamento, que se deve caracterizar pela jovialidade, pela compreensão das dificuldades alheias, pela compaixão em favor de tudo e de todos que encontre pelo caminho.[19]

3.4 GRADAÇÕES DO TRANSE MEDIÚNICO

O transe mediúnico é espontâneo e natural. Não deva ser induzido, sob quaisquer justificativas, seja pela ingestão de substâncias psicoativas (drogas ilícitas), ou bebidas alcoólicas e outras beberagens, seja por induções ou sugestabilidades hipnóticas.

A duração do transe pode ser fugaz e imperceptível aos circunstantes – um rápido mergulho no inconsciente – ou prolongado, com visíveis alterações no estado psíquico. Outro ponto a considerar: o momento na reunião mediúnica em que o médium começa a entrar em transe é variável: em uns é desde o início, em outros é mais no meio e, em outros, no final, ou quase no término da sessão. Tudo isso tem uma razão de ser, pois a ordem sequencial das manifestações do Espíritos atende a um planejamento prévio dos Espíritos dirigentes. Philomeno de Miranda pontua:

> Após as leituras preparatórias e os comentários breves que antecederam à oração de abertura dos serviços espirituais, a mentora da Instituição trouxe palavras sucintas de orientação em torno dos trabalhos terapêuticos que teriam lugar naquela noite, e alguns dos médiuns, recolhidos em prece, a pouco e pouco entraram em transe, facultando que as comunicações dos Espíritos sofredores uns, atormentados outros, tivessem lugar.[20]

A despeito do transe mediúnico ser natural e espontâneo, apresenta gradações quanto ao estado da passividade mediúnica. Para melhor entender o assunto, vamos nos ilustrar na classificação fornecida por Allan Kardec quanto aos graus do transe mediúnico observados nas psicografias. Na verdade, o princípio é o mesmo e se aplica aos demais tipos de mediunidade, como a de psicofonia – de ocorrência comum nas reuniões mediúnicas. Assim, Kardec indica três níveis para a passividade mediúnica dos psicógrafos: a) intuitivo, inspirado e de pressentimento; b) semimecânico e c) inconsciente ou mecânico.

Antes de tudo, é importante enfatizar que, independentemente da gradação do transe apresentado pelo médium, o socorro prestado pelos encarnados da equipe deve ser discreto e simples, como esclarece Manoel P. de Miranda:

> A agitação, as movimentações de pessoas em *socorro* aos médiuns em transe têm mais o objetivo de manter superstições desnecessárias e gerar ideias de força e de poder, que não existem, do que realmente produzir resultados benéficos. Jesus jamais necessitou de utilizar-se desses recursos grosseiros, ensinando-nos que através do amor, do diálogo honesto e grave, podemos influenciar os irmãos ignorantes com muito maior proveito, do que através da gritaria e da justa.[21]

3.4.1 MÉDIUM INTUITIVO

> A transmissão do pensamento também se dá por meio do Espírito do médium, ou melhor, de sua alma, já que designamos por esse nome o Espírito encarnado. [...] Notemos aqui uma coisa importante: o Espírito comunicante não substitui a alma do médium, visto que não poderia deslocá-la; domina-a, à revelia dela, e lhe imprime a sua vontade. Em tal circunstância, o papel da alma não é inteiramente passivo; é ela quem recebe o pensamento do Espírito comunicante e o transmite. Nessa situação, o médium tem consciência do que escreve, embora não exprima o seu próprio pensamento. É o que se chama médium intuitivo. [...].[22]

Na mediunidade intuitiva, nem sempre é possível identificar o que é pensamento próprio, do médium, e o que é do Espírito comunicante. Somente com a prática, com o passar do tempo, é que o médium aprende a distinguir as suas ideias das do comunicante desencarnado, exceto nas comunicações cujas ideias são radicalmente contrárias ao pensamento usual do medianeiro. Nessas condições, o transe é mais superficial, sendo que o afastamento do corpo físico (desdobramento) é mínimo; e o médium tem noção do que ocorre ao seu redor, em ambos planos da vida. *O médium age, então, como um intérprete.*

O médium inspirado é uma variedade do médium intuitivo:

> Todo aquele que recebe, pelo pensamento, tanto no seu estado normal como quanto no de êxtase, comunicações estranhas às suas ideias preconcebidas, pode ser incluído na categoria dos médiuns inspirados. Trata-se, como se vê, de uma variedade da mediunidade intuitiva, com a diferença de que a intervenção de uma força oculta é aí muito menos sensível, porque é ainda mais difícil de se distinguir, no inspirado, o pensamento próprio daquele que lhe é sugerido. O que caracteriza esse último gênero é, sobretudo, a espontaneidade. A inspiração nos vem dos Espíritos que nos influenciam, para o bem, ou para o mal, mas procede principalmente dos que querem o nosso bem e cujos conselhos rejeitamos com muita frequência. Ela se aplica a todas as circunstâncias da vida, nas resoluções que devemos tomar. Sob esse aspecto, pode-se dizer que todos são médiuns, porque não há quem não tenha seus Espíritos protetores e familiares, que tudo fazem para sugerir ideias salutares aos seus protegidos.[23]

O médium de pressentimentos é uma variedade do médium de inspiração:

> O pressentimento é uma vaga intuição das coisas futuras. Algumas pessoas têm essa faculdade mais ou menos desenvolvida. Pode ser devida a uma espécie de dupla vista, que lhes permite entrever as consequências das coisas atuais e o desenrolar natural dos acontecimentos. Mas, muitas vezes, também é resultado de comunicações ocultas, e é principalmente neste caso que se pode dar aos que dela são dotados o nome de *médiuns de pressentimentos,* que constituem uma variedade dos *médiuns inspirados.*[24]

O transe mediúnico nos médiuns intuitivos, inspirados ou de pressentimentos, é leve, mais superficial, uma percepção que não chega a produzir mergulhos no inconsciente. E como tais médiuns agem mais como intérpretes do pensamento do Espírito comunicante, podem ocorrer equívocos na interpretação da mensagem, sobretudo quando há pouco conhecimento intelecto-moral. Somente com a prática mediúnica, ao longo do tempo, é que o médium intuitivo aprende a discernir o que provém de suas próprias ideias e o que é de um Espírito comunicante.

3.4.2 MÉDIUM MECÂNICO

A gradação do transe no médium mecânico é oposta ao do intuitivo:

> O papel do médium mecânico é o de uma máquina; o médium intuitivo age como faria um intérprete. Este, de fato, para transmitir o pensamento, precisa compreendê-lo e, de certo modo, apropriar-se dele, para traduzi-lo fielmente. Entretanto, esse pensamento não é seu, apenas lhe atravessa o cérebro. É exatamente esse o papel do médium intuitivo.[25]

Nessas condições, o afastamento ou desdobramento perispiritual é bem significativo, de forma que o Espírito do médium pode até se deslocar para fora do local onde ocorre a reunião, enquanto a mão escreve ou a boca fala. Mesmo estando ausente da reunião, ali permanecendo apenas o seu veículo físico, a sua mente está diretamente ligada à do Espírito comunicante e, se for um médium educado e disciplinado, mantém o controle sobre a comunicação, impedindo desarmonias, gesticulações, gritarias etc. Após o transe profundo, o médium não se recorda, em geral, do que transmitiu; ou lembra alguma coisa, logo após volta do transe, mas, com o passar do tempo, permanecem fragmentos de lembranças ou nem isso.

No transe profundo, ou sonambúlico, a mensagem mediúnica raramente alcança a consciência do médium. É por isso que ele não se recorda do que captou ou transmitiu. Quando recorda algo, as suas lembranças são fragmentárias. É importante ressaltar que, mesmo no estado de transe muito profundo (também denominado transe inconsciente ou sonambúlico), o médium não perde totalmente a ligação com a sua consciência. Ele se mantém no controle de si mesmo, interrompendo a comunicação quando lhe aprouver.

Durante o transe profundo pode ocorrer que o médium absorva fluidos desarmônicos provenientes do Espírito comunicante, mas, em se tratando de médiuns educados e harmonizados nas faixas do bem, tais energias fluídicas são naturalmente deletadas com o auxílio dos benfeitores presentes que neutralizam tais descargas fluídicas, como assinala Philomeno de Miranda quando presenciou tal ocorrência: "A atitude do benfeitor era aquela mesma: desembaraçar a médium das correntes mentais absorvidas, a fim de que não permanecessem resíduos mórbidos, enquanto as dissipava com refinada técnica e concentração diluente dos fluidos perniciosos".[26]

Mesmo em se tratando de manifestações de entidades perseguidoras e vingativas o médium é amplamente auxiliado por benfeitores que costumeiramente lhes transmitem os necessários fluidos reparadores. Contudo, há médiuns que absorvem miasmas deletérios de Espíritos comunicantes. Agem assim porque sintonizam com faixas mentais de perturbação ou porque mantêm vinculações mentais com Espíritos perturbados e perturbadores. A respeito, Philomento de Miranda descreve o auxílio prestado por Bezerra de Menezes diretamente ao médium e ao Espírito comunicante, durante uma sessão mediúnica, a fim de romper a ligação entre ambos: "por meio de passes dispersivos aplicados no paciente e no seu adversário, libertou o vingador que logo foi acoplado à médium em transe".[27]

3.4.3 MÉDIUM SEMIMECÂNICO

O transe apresentado pelo médium semimecânico não é tão profundo como nos médiuns mecânicos e nem tão superficial como nos intuitivos e variedades afins. Define-se como um transe parcial, caracterizado por uma maior gradação da passividade ou do rebaixamento da atividade consciencial. Nessa situação, o desdobramento ou afastamento do corpo é mais pronunciado, favorecendo a percepção mais apurada do plano extrafísico. Após o transe, o médium recorda alguma coisa, mas outras são esquecidas. Pode acontecer que, logo após a comunicação, ele se lembre de tudo que ocorreu, mas em questão de horas e dias as lembranças se apagam.

No que diz respeito a essa gradação do transe mediúnico, o Codificador apresenta essa inteligente síntese:

> No médium puramente mecânico, o movimento da mão independe da vontade; no médium intuitivo, o movimento é voluntário e facultativo. O médium semimecânico participa de ambos esses gêneros. Sente que sua mão é impulsionada contra sua vontade, mas, ao mesmo tempo, tem consciência do que escreve, à medida que as palavras se formam. No primeiro, o pensamento vem depois do ato da escrita; no segundo, antes da escrita; no terceiro, ao mesmo tempo que a escrita. Esses últimos médiuns são os mais numerosos.[28]

REFERÊNCIAS

1 HOUAISS, Antônio; VILLAR, Mauro de Salles. *Dicionário Houaiss da língua portuguesa*. 1. ed. Rio de Janeiro: Objetiva, 2009. it. Transe, p.1.867.

2 FRANCO, Divaldo Pereira. *Mediunidade*: desafios e bênçãos. Pelo Espírito Manoel Philomeno de Miranda. 1. ed. 5. imp. Salvador, BA: LEAL, 2019. cap. 5, p. 50.

3 FRANCO, Divaldo Pereira. *Temas da vida e da morte*. Pelo Espírito Manoel Philomeno de Miranda. 7. ed. 3. imp. Brasília, DF: FEB, 2018. cap. *Psiquismo mediúnico*.

4 FRANCO, Divaldo Pereira. *Temas da vida e da morte*. Pelo Espírito Manoel Philomeno de Miranda. 7. ed. 3. imp. Brasília, DF: FEB, 2018. cap. *Psiquismo mediúnico*.

5 FRANCO, Divaldo Pereira. *Temas da vida e da morte*. Pelo Espírito Manoel Philomeno de Miranda. 7. ed. 3. imp. Brasília, DF: FEB, 2018. cap. *Psiquismo mediúnico*.

6 FRANCO, Divaldo Pereira. *Mediunidade*: desafios e bênçãos. Pelo Espírito Manoel Philomeno de Miranda. 1. ed. 5. imp. Salvador, BA: LEAL, 2019. cap. 5, p. 51.

7   FRANCO, Divaldo Pereira. *Mediunidade*: desafios e bênçãos. Pelo Espírito Manoel Philomeno de Miranda. 1. ed. 5. imp. Salvador, BA: LEAL, 2019. cap. 17, p. 182 e 183.
8   FRANCO, Divaldo Pereira. *Reencontro com a vida*. Pelo Espírito Manoel Philomeno de Miranda. Salvador, BA: LEAL, 2019. 1ª pt., cap. 31, p. 36.
9   KARDEC, Allan. *O livro dos médiuns*. Trad. Evandro Noleto Bezerra. 2. ed. 6. imp. Brasília, DF: FEB, 2020. 2ª pt., cap. 17, it. 203.
10 KARDEC, Allan. *O livro dos médiuns*. Trad. Evandro Noleto Bezerra. 2. ed. 6. imp. Brasília, DF: FEB, 2020. 2ª pt., cap. 4, it. 74, perg. 9.
11 KARDEC, Allan. *A gênese*. Trad. Evandro Noleto Bezerra. 2. ed. 2. imp. Brasília, DF: FEB, 2019. cap. 14, it. 15.
12 FRANCO, Divaldo Pereira. *Transtornos psiquiátricos e obsessivos*. Pelo Espírito Manoel Philomeno de Miranda 2. ed. 4. imp. Salvador, BA: LEAL, 2019. cap. 11, p. 191 e 192.
13 FRANCO, Divaldo Pereira. *Transtornos psiquiátricos e obsessivos*. PeloEspírito Manoel Philomeno de Miranda 2. ed. 4. imp. Salvador, BA: LEAL, 2019. cap. 11, p. 192 e 193.
14 HOUAISS, Antônio; VILLAR, Mauro de Salles. *Dicionário Houaiss da língua portuguesa*. 1. ed. Rio de Janeiro: Objetiva, 2009. it. Transe, p. 1.654.
15 FRANCO, Divaldo Pereira. *Mediunidade*: desafios e bênçãos. Pelo Espírito Manoel Philomeno de Miranda. 1. ed. 5. imp. Salvador, BA: LEAL, 2019. cap. 5, it. Mediunidade e sintonia, p. 52.
16 FRANCO, Divaldo Pereira. *Mediunidade*: desafios e bênçãos. Pelo Espírito Manoel Philomeno de Miranda. 1. ed. 5. imp. Salvador, BA: LEAL, 2019. cap. 5, it. Mediunidade e sintonia, p. 53.
17 FRANCO, Divaldo Pereira. *Mediunidade*: desafios e bênçãos. Pelo Espírito Manoel Philomeno de Miranda. 1. ed. 5. imp. Salvador, BA: LEAL, 2019. cap. 5, it. Mediunidade e sintonia, p. 57.
18 FRANCO, Divaldo Pereira. *Mediunidade*: desafios e bênçãos. Pelo Espírito Manoel Philomeno de Miranda. 1. ed. 5. imp. Salvador, BA: LEAL, 2019, cap. 5, it. Inspiração mediúnica, p. 62.
19 FRANCO, Divaldo Pereira. *Mediunidade*: desafios e bênçãos. Pelo Espírito Manoel Philomeno de Miranda. 1. ed. 5. imp. Salvador, BA: LEAL, 2019. cap. 10, p. 85.

20 FRANCO, Divaldo Pereira. *Sexo e obsessão*. Pelo Espírito Manoel Philomeno de Miranda. 8. ed. 3. imp. Salvador, BA: LEAL, 2019. cap. 6, p. 71.
21 FRANCO, Divaldo Pereira. *Transtornos psiquiátricos e obsessivos*. Pelo Espírito Manoel Philomeno de Miranda. 2. ed. 4. imp. Salvador, BA: LEAL, 2019. cap. 6, p. 113 e 114.
22 KARDEC, Allan. *O livro dos médiuns*. Trad. Evandro Noleto Bezerra. 2. ed. 6. imp. Brasília, DF: FEB, 2020. 2ª pt., cap. 15, it. 180.
23 KARDEC, Allan. *O livro dos médiuns*. Trad. Evandro Noleto Bezerra. 2. ed. 6. imp. Brasília, DF: FEB, 2020. 2ª pt., cap. 15, it. 182.
24 KARDEC, Allan. *O livro dos médiuns*. Trad. Evandro Noleto Bezerra. 2. ed. 6. imp. Brasília, DF: FEB, 2020. 2ª pt., cap. 15, it. 184.
25 KARDEC, Allan. *O livro dos médiuns*. Trad. Evandro Noleto Bezerra. 2. ed. 6. imp. Brasília, DF: FEB, 2020. 2ª pt., cap. 15, it. 180.
26 FRANCO, Divaldo Pereira. *Tormentos da obsessão*. Pelo Espírito Manoel Philomeno de Miranda. 10. ed. 3. imp. Salvador, BA: LEAL, 2018. cap. 12, p. 157.
27 FRANCO, Divaldo Pereira. *Amanhecer de uma nova era*. Pelo Espírito Manoel Philomeno de Miranda. 2. ed. 4. imp. Salvador, BA: LEAL, 2017. cap. 12, p. 135.
28 KARDEC, Allan. *O livro dos médiuns*. Trad. Evandro Noleto Bezerra. 2. ed. 6. imp. Brasília, DF: FEB, 2020. 2ª pt., cap. 15, it. 181.

CAPÍTULO 4

O PAPEL DOS MÉDIUNS NAS COMUNICAÇOES ESPÍRITAS

Em *O livro dos médiuns*, Allan Kardec dedica o capítulo XIX à análise do papel dos médiuns nas comunicações espíritas, cujos esclarecimentos foram transmitidos pelos Espíritos Erasto e Timóteo. O capítulo seguinte, o XX, destaca a influência moral do médium nas mensagens mediúnicas de que ele é portador. São assuntos imprescindíveis à prática mediúnica séria. Ambos os capítulos servem também de alerta à gravidade que o exercício mediúnico deva se revestir, orientando-nos como atrair a assistência dos benfeitores espirituais e como neutralizar as investidas de Espíritos descompromissados com o Bem. A propósito, pondera Manoel Philomeno de Miranda:

> Os chamados excessos mediúnicos não são da responsabilidade das sessões, senão da desinformação dos experimentadores e pessoas que se aventuram nas suas realizações desarmadas do conhecimento doutrinário e da vivência das suas execuções.
>
> Por outro lado, todo o monumento doutrinário do Espiritismo foi construído mediante as incomparáveis demonstrações e pesquisas mediúnicas a que Allan Kardec procedeu, oferecendo-nos uma Obra insuperável, que depois de [mais de] um século ainda é muito desconhecida, mesmo dos que a estudam com carinho e afinco. Nunca estarão ultrapassadas as realizações mediúnicas de proveito incontestável, além do poder que exercem para fazer novos adeptos que então passam a interessar-se pelo estudo da Doutrina e seu aprofundamento.[1]

Allan Kardec pontua com muita lucidez a influência direta do médium durante a captação da mensagem mediúnica. Na maioria das vezes, tais ocorrências passam despercebidas que, se não forem corretamente administradas, podem criar obstáculos à qualidade da prática mediúnica.

Destacamos, em seguida, os principais pontos relacionados à influência do médium nas comunicações mediúnicas, que o Codificador (indicado com a sigla **AK**) perguntou aos Espíritos Erasto e Timóteo. Em seguida, acrescentamos comentários de Manoel Philomeno de Miranda (sigla **MPM**).

1) **Graus do transe mediúnico** – nem sempre o médium se encontra em grau de transe profundo quando da recepção da mensagem mediúnica.

   AK: Às vezes se acha num estado de crise mais ou menos acentuado. É o que lhe causa fadiga e por isso precisa de repouso. Entretanto, na maioria das vezes, seu estado quase não difere do estado normal, principalmente quando se trata de médiuns escreventes.[2]

   MPM: Como se pode avaliar, o período inicial de educação mediúnica sempre se dá sob ações tormentosas. O médium, geralmente, é Espírito endividado em si mesmo, com vasta cópia de compromissos a resgatar, quanto a desdobrar, trazendo matrizes que facultam o acoplamento de mentes perniciosas do Além-Túmulo, que o impelem ao trabalho de autoburilamento, quanto ao exercício da caridade, da paciência e do amor para com os mesmos. Além disso, em considerando os seus débitos, vincula-se aos cobradores que o não querem perder de vista, sitiando-lhe a casa mental, afligindo-o com o recurso de um campo precioso e vasto, qual é a percepção mediúnica, tentando impedir-lhe o crescimento espiritual, mediante o qual lograria libertar-se do jugo infeliz. Criam armadilhas, situações difíceis, predispõem mal aquele que os sofrem, cercam-no de incompreensões, porque vivem em diferente faixa vibratória, peculiar, diversa dos que não possuem disposições medianímicas. É um calvário abençoado a fase inicial do exercício e desdobramento da mediunidade. Outrossim, esse é o meio de ampliar, desenvolver o treinamento do sensitivo, que aprende a discernir o tom psíquico dos que o acompanham, em espírito, tomando conhecimento das leis dos fluidos e armando-se de resistência para combater as más inclinações que são os ímãs a atrair os que se encontram em estado de Erraticidade inferior.[3]

2) **Influência direta do médium na comunicação** – tal constatação indica que o médium não é uma máquina, no sentido estrito do termo, que reproduz automaticamente pensamento do Espírito comunicante. As mensagens apresentam

características próprias do medianeiro: estilo, domínio de linguagem, nível cultural e intelecto-moral, inclusive de conhecimento espírita etc.

> **AK:** A alma do médium pode comunicar-se como a de qualquer outro. Se goza de certo grau de liberdade, recobra suas qualidades de Espírito [...].
>
> E acrescenta: pois é certo que o Espírito do médium pode agir por si mesmo. Isso, porém, não é razão para que outros não atuem igualmente, por seu intermédio.[4]
>
> **MPM:** À medida que se aprimoram os sentidos sensoriais, favorecendo com mais amplo cabedal de apreensão do mundo objetivo, amplia-se a embrionária percepção extrafísica, ensejando o surgimento natural da mediunidade.[5]
>
> Grande número, porém, de portadores de mediunidade, tem compromisso com a tarefa específica, que lhe exige conhecimento, exercício, abnegação, sentimento de amor e caridade, a fim de atrair os Espíritos nobres, que se encarregam de auxiliar a cada um na desincumbência do mister iluminativo. *Trabalhadores da última hora*, novos *profetas*, transformando-se nos modernos *obreiros do Senhor*, estão comprometidos com o programa espiritual da modificação pessoal, assim como da sociedade, com vistas à Era do Espírito imortal que já se encontra com os seus alicerces fincados na consciência terrestre. Trabalhadores da última hora, novos profetas, transformando-se nos modernos obreiros do Senhor, estão comprometidos com o programa espiritual da modificação pessoal, assim como da sociedade, com vistas à Era do Espírito imortal que já se encontra com os seus alicerces fincados na consciência terrestre.[6]

3) **Como distinguir o que é do Espírito e o que é do médium** – nem sempre é fácil fazer a distinção, salvo em casos de declaradas mistificações e de marcante influência anímica, sobretudo quando o pensamento do Espírito comunicante é de conhecimento público. É essencial analisar todos os ditados mediúnicos.

> **AK:** Pela natureza das comunicações. Estudai as circunstâncias e a linguagem e distinguireis. É principalmente no estado de sonambulismo ou de êxtase que o Espírito do médium se manifesta, porque então se encontra mais livre. No estado normal é mais difícil. Aliás, há respostas

que não se podem atribuir a eles de modo algum. É por isso que vos digo: estudai e observai.⁷

Isso acontece frequentemente, no estado de crise sonambúlica ou extática, mas ainda uma vez repito: há circunstâncias que não permitem dúvida. Estudai *longamente* e meditai.⁸

MPM: Vozes espirituais, em momentosos intercâmbios mediúnicos, vêm conclamando os trabalhadores do Bem à vigilância e à oração, em exórdios e discursos comovedores. Mensagens de admoestação carinhosa são transmitidas nas células espíritas enobrecidas pela caridade, enquanto servidores sinceros percebem a gravidade do momento, e médiuns sinceros, fiéis, constatam as ocorrências infelizes na psicosfera pesada que se abate sobre todos.⁹

4) **Nem sempre as comunicações do médium são inferiores** – as manifestações anímicas, isto é, provenientes da alma do próprio médium, podem ser de ordem elevada, sobretudo de ele possui uma boa base intelectual.

AK: O Espírito comunicante pode ser de ordem inferior à do médium e, então, falar com menos sensatez. É o que se vê no sonambulismo. Aí, na maioria das vezes, quem se manifesta é o Espírito do sonâmbulo, o qual, não raro, diz coisas muito boas.¹⁰

MPM: Devem revestir-se, por isso mesmo, de simplicidade, sendo os seus membros trabalhadores sinceros e dedicados ao Bem, de modo que se conjuguem os valores morais aos espirituais, num todo harmonioso, do qual decorrerão os resultados opimos [produtivos, excelentes] que se devem perseguir. A entrega espontânea ao espírito de caridade que deverá prevalecer, abrirá portas aos Benfeitores espirituais que se encarregam de orientar as atividades, programando-as com cuidado e critério, de forma que se beneficiem todos os partícipes, de um como do outro lado da cortina carnal. Não deve haver lugar para as disputas emocionais em torno das faculdades de que sejam portadores os seus diversos membros, preparando-se todos com esmero para que, no momento aprazado, as comunicações sejam bem captadas e o programa estabelecido seja cumprido.¹¹

5) **O Espírito do médium é um intérprete** – esse é o ponto essencial. O médium age como um intérprete, isto é, capta as ideias do Espírito comunicante, ao qual está unido mente a mente, e as interpreta segundo as suas possibilidades intelecto-morais.

O bom médium é bom intérprete porque não interfere em demasia nas ideias do comunicante espiritual.

AK: O Espírito do médium é o intérprete porque está ligado ao corpo que serve para falar, e por ser necessária uma cadeia entre vós e os Espíritos que se comunicam, como é preciso um fio elétrico para transmitir uma notícia a grande distância, desde que haja, na extremidade do fio, uma pessoa inteligente que a receba e transmita.[12]

E acrescenta: [...] porque, se não houver afinidade entre eles, o Espírito do médium pode alterar as respostas e assimilá-las às suas próprias ideias e inclinações. Porém, não exerce influência sobre os Espíritos comunicantes, autores das respostas. É apenas um mau intérprete.[13]

MPM: Desse modo, e em face de muitos outros quesitos modernos perturbadores da boa e saudável prática da Doutrina, o sábio amigo Petitinga criou um grupo de trabalhadores devotados, que vem visitando as sociedades sérias e algumas menos responsáveis, advertindo, convidando à reflexão, inspirando médiuns e doutrinadores a que se reformulem os critérios de trabalho, que se façam avaliações e reciclagens com os cooperadores, especialmente aqueles vinculados à mediunidade. É compreensível que a ampla adesão de pessoas sinceramente interessadas em conhecer o Espiritismo responda pela precipitação de alguns desinformados, no entanto, portadores de facilidade da palavra, que tendo lido superficialmente alguma obra espírita, logo se acreditam possuidores de recursos para assumir responsabilidades e lideranças, criando grupos, que dirigem com falácia, dando lugar a verdadeiros absurdos. Por outro lado, as vaidades e presunções humanas, instigadas pelo egoísmo, geram divisionismos lamentáveis, nesses grupos, quando entram em jogo os interesses pessoais, dando lugar à criação de outros, que primam pela competição com aqueles dos quais se originaram.[14]

6) **Porque os Espíritos sérios preferem os bons intérpretes** – a resposta para essa preposição é simples: os bons intérpretes são confiáveis. Somente Espíritos embusteiros não se importam se o médium é bom intérprete. Aliás os Espíritos frívolos, perturbados e perturbadores demonstram preferência por esses médiuns excessivamente anímicos e/ou mistificadores, em razão dos desentendimentos que provocam.

AK: Não há outro motivo. Procuram o intérprete que mais simpatize com eles e que exprima com mais exatidão os seus pensamentos. Não havendo simpatia entre eles, o Espírito do médium é um antagonista que oferece certa resistência, tornando-se um intérprete de má qualidade e muitas vezes infiel. É o que acontece entre vós, quando a opinião de um sábio é transmitida por um homem estouvado ou alguém de má-fé.[15]

MPM: Como agem os Espíritos perturbadores: Acercando-se dos médiuns invigilantes, vêm inspirando-os a comportamentos incompatíveis com as recomendações do Mestre Jesus e dos Espíritos superiores através da Codificação Kardequiana, estimulando-os a espetáculos em que a mediunidade fica ridicularizada, como se fosse um adorno para exaltar o seu possuidor.

[...]

Além dessas ações nefastas, trabalham pela desunião dos companheiros de lide espiritual, pela maledicência e calúnias bem divulgadas, como se estivessem trabalhando para senhores diferentes e não para Aquele que deu a vida em demonstração insuperável de amor e de compaixão por todos nós.[16]

O papel do médium nas comunicações espíritas pode ser resumido nas palavras que se seguem de um Espírito orientador da Codificação Espírita.

Os nossos pensamentos não precisam da vestimenta da palavra para serem compreendidos pelos Espíritos, e todos os Espíritos percebem os pensamentos que desejamos transmitir-lhes, bastando, para isso, que lhes dirijamos esses pensamentos, em razão de suas faculdades intelectuais.

[...]

Neste caso, o Espírito encarnado que nos serve de médium é mais apto a exprimir o nosso pensamento a outros encarnados, embora não o compreenda, coisa que um Espírito desencarnado, mas pouco adiantado não poderia fazer [...].

Assim, quando encontramos em um médium o cérebro repleto de conhecimentos adquiridos na sua vida atual e o seu Espírito rico de conhecimentos latentes, obtidos em vidas anteriores, suscetíveis de nos facilitarem as comunicações, preferimos nos servir dele, porque com ele o fenômeno da comunicação se torna muito mais fácil para nós do que com um médium de inteligência limitada e de escassos conhecimentos, adquiridos anteriormente. [...]

Com um médium, cuja inteligência atual ou anterior se ache desenvolvida, o nosso pensamento se comunica, instantaneamente, de Espírito a Espírito, graças a uma faculdade peculiar à essência mesma do Espírito. Nesse caso, encontramos, no cérebro do médium, os elementos apropriados a dar ao nosso pensamento a vestimenta da palavra que lhe corresponda e, isto, quer o médium seja intuitivo, semimecânico ou inteiramente mecânico. É por isso que, seja qual for a diversidade dos Espíritos que se comunicam com um médium, os ditados que este obtém, ainda que procedendo de Espíritos diferentes, trazem, quanto à forma e ao colorido, o cunho que lhe é pessoal. [...]

Com efeito, apesar de o pensamento não lhe ser de todo estranho, não obstante o assunto esteja fora do âmbito em que ele habitualmente se move, e embora não provenha dele o assunto que nós queremos dizer, nem por isso o médium deixa de exercer influência quanto à forma, pelas qualidades e propriedades inerentes à sua individualidade. É exatamente como se observásseis panoramas diversos, com lentes matizadas, verdes, brancas ou azuis; embora os panoramas, ou objetos observados, sejam inteiramente opostos e independentes uns dos outros, não deixam por isso de afetar uma tonalidade que provém das cores das lentes.

[...]

De fato, quando somos obrigados a servir-nos de médiuns pouco adiantados, o nosso trabalho se torna mais demorado e penoso, pois somos forçados a recorrer a formas incompletas, o que constitui para nós uma complicação[...].[17]

O venerável Philomeno de Miranda considera, então:

Uma reunião mediúnica de qualquer natureza é sempre uma realização nobre em oficina de ação conjugada, na qual os seus membros se harmonizam e se interligam a benefício dos resultados que se perseguem, quais sejam, a facilidade para as comunicações espirituais, o socorro aos aflitos de ambos os planos da vida, a educação dos desorientados, as terapias especiais que são aplicadas, e, naquelas de desobsessão, em face da maior gravidade do cometimento, transforma-se em clínica de saúde mental especializada, na qual cirurgias delicadas são desenvolvidas nos perispíritos dos encarnados, assim como dos liberados do corpo, mediante processos mui cuidadosos, que exigem equipe eficiente no que diz respeito ao conjunto de cooperadores do mundo físico.[18]

REFERÊNCIAS

1 FRANCO, Divaldo Pereira. *Nas fronteiras da loucura*. Pelo Espírito Manoel Philomeno de Miranda. 16. ed. 3. imp. Salvador, BA: LEAL, 2019. cap. 16, p. 155 e 156.

2 KARDEC, Allan. *O livro dos médiuns*. Trad. Evandro Noleto Bezerra. 2. ed. 6. imp. Brasília, DF: FEB, 2020. 2ª pt., cap. 19, it. 223, perg. 1.

3   FRANCO, Divaldo Pereira. *Nas fronteiras da loucura*. Pelo Espírito Manoel Philomeno de Miranda. 16. ed. 3. imp. Salvador, BA: LEAL, 2019. cap. 23, p. 211 e 212.
4   KARDEC, Allan. *O livro dos médiuns*. Trad. Evandro Noleto Bezerra. 2. ed. 6. imp. Brasília, DF: FEB, 2020. 2ª pt., cap. 19, it. 223, perg. 2 e 2-a.
5   FRANCO, Divaldo Pereira. *Reencontro com a vida*. Pelo Espírito Manoel Philomeno de Miranda. Salvador, BA: LEAL, 2015. cap. 8, p. 71.
6   FRANCO, Divaldo Pereira. *Reencontro com a vida*. Pelo Espírito Manoel Philomeno de Miranda. Salvador, BA: LEAL, 2015. cap. 8, p. 73.
7   KARDEC, Allan. *O livro dos médiuns*. Trad. Evandro Noleto Bezerra. 2. ed. 6. imp. Brasília, DF: FEB, 2020. 2ª pt., cap. 19, it. 223, perg. 3.
8   KARDEC, Allan. *O livro dos médiuns*. Trad. Evandro Noleto Bezerra. 2. ed. 6. imp. Brasília, DF: FEB, 2020. 2ª pt., cap. 19, it. 223, perg. 4.
9   FRANCO, Divaldo Pereira. *Perturbações espirituais*. Pelo Espírito Manoel Philomeno de Miranda. 1. ed. 3. imp. Salvador, BA: LEAL, 2017. cap. 2, p. 20.
10 KARDEC, Allan. *O livro dos médiuns*. Trad. Evandro Noleto Bezerra. 2. ed. 6. imp. Brasília, DF: FEB, 2020. 2ª pt., cap. 19, it. 223, perg. 5.
11 FRANCO, Divaldo Pereira. *Reencontro com a vida*. Pelo Espírito Manoel Philomeno de Miranda. Salvador, BA: LEAL, 2015. cap. 26, p. 213.
12 KARDEC, Allan. *O livro dos médiuns*. Trad. Evandro Noleto Bezerra. 2. ed. 6. imp. Brasília, DF: FEB, 2020. 2ª pt., cap. 19, it. 223, perg. 6.
13 KARDEC, Allan. *O livro dos médiuns*. Trad. Evandro Noleto Bezerra. 2. ed. 6. imp. Brasília, DF: FEB, 2020. 2ª pt., cap. 19, it. 223, perg. 7.
14 FRANCO, Divaldo Pereira. *Transtornos psiquiátricos e obsessivos*. Pelo Espírito Manoel Philomeno de Miranda. 2. ed. 4. imp. Salvador, BA: LEAL, 2019. cap. 14, p. 238.
15 KARDEC, Allan. *O livro dos médiuns*. Trad. Evandro Noleto Bezerra. 2. ed. 6. imp. Brasília, DF: FEB, 2020. 2ª pt., cap. 19, it. 223, perg. 8.
16 FRANCO, Divaldo Pereira. *Transição planetária*. Pelo Espírito Manoel Philomeno de Miranda. 5. ed. 9. imp. Salvador, BA: LEAL, 2010. cap. 19, p. 209 e 210.
17 KARDEC, Allan. *O livro dos médiuns*. Trad. Evandro Noleto Bezerra. 2. ed. 6. imp. Brasília, DF: FEB, 2020. 2ª pt., cap. 19, it. 225.
18 FRANCO, Divaldo Pereira. *Sexo e obsessão*. Pelo Espírito Manoel Philomeno de Miranda. 8. ed. 3. imp. Salvador, BA: LEAL, 2019. cap. 5, p. 79 e 80.

CAPÍTULO 5

INFLUÊNCIA MORAL E DO MEIO NAS COMUNICAÇÕES MEDIÚNICAS

Os capítulos XX e XXI de *O livro dos médiuns* apresentam, respectivamente, informações relacionadas à influência moral no médium nas mensagens mediúnicas que ele veicula, assim como como a influência do meio onde as comunicações mediúnicas ocorrem. São assuntos que interferem diretamente na qualidade da prática mediúnica, mas que, em geral, não merecem a devida atenção por parte dos membros da reunião mediúnica.

5.1 INFLUÊNCIA MORAL DO MÉDIUM

A *influência moral do médium* nas comunicações mediúnicas define a sua educação moral, mesmo em se tratando do atendimento a Espíritos perseguidores, a obsessores ou a tantos outros, ainda vinculados a ações contrárias ao bem. Nessas e outras manifestações, há um clima de vibrações positivas e harmônicas:

> Consciente das responsabilidades que lhe dizem respeito, o médium consciente de si mesmo e das lições edificantes do Espiritismo empenha-se com denodo para ser sempre melhor moralmente, esforçando-se por alcançar patamares mais elevados da evolução, sempre objetivando servir mais e melhor.[1]

A mediunidade, enquanto faculdade psíquica do ser humano, não guarda, contudo, relação com a moralidade do médium: "[...] A faculdade propriamente dita reside no organismo; independe do moral. O mesmo, porém, não se dá com o seu uso, que pode ser bom ou mau, de acordo com as qualidades do médium"[2], esclarece Allan Kardec. Percebe-se, porém, que as mensagens mediúnicas oriundas de médiuns moralizados, ou que se esforçam para tal, são de maior qualidade e se destacam pelo cunho de seriedade de que se revestem.

Há de se perguntar, então: Por que Deus concede a faculdade mediúnica a pessoas que não a utilizam para uma finalidade nobre? Por que há médiuns inconsequentes que exploram a faculdade para obter vantagens materiais? Qual a razão da existência de médiuns mancomunados com Espíritos maus que, ao utilizaram do instrumento mediúnico, produzem perturbações e desarmonias variadas, por onde passam? A essas e outras perguntas Kardec responde assim:

> Todas as faculdades são favores pelos quais a criatura deve render graças a Deus, visto que há homens que estão privados delas. Poderíeis também perguntar por que Deus concede boa visão a malfeitores, destreza a trapaceiros, eloquência aos que só a utilizam para o mal. O mesmo se dá com a mediunidade. Se há pessoas indignas que a possuem, é que precisam dela mais do que as outras para se melhorarem. Pensais que Deus recusa meios de salvação aos culpados? Ao contrário, multiplica-os no caminho que eles percorrem; *coloca-os nas mãos deles*, cabendo ao homem aproveitá-los [...].³

5.2 INFLUÊNCIA DO MEIO

A *influência do meio* é outro fator relacionado à qualidade da prática mediúnica. Conhecedores da sua importância, os integrantes da reunião mediúnica séria aprendem a agir de forma integrada, unidos entre si como em um *feixe*, no dizer do Codificador, que afirma: "Uma reunião é um ser coletivo, cujas qualidades e propriedades são a resultante das de seus membros, formando uma espécie de feixe. Ora, quanto mais homogêneo for esse feixe, tanto mais força terá".⁴

O meio onde ocorre o intercâmbio mediúnico é constituído de emanações mentais oriundas do conjunto humano que o compõe. Os desencarnados são atraídos para as reuniões, mediúnicas ou não, conforme o teor das emissões mentais ali predominantes, afinizando-se e sintonizando-se com elas. A respeito do assunto, um orientador do Espiritismo esclarece a Kardec:

> Os Espíritos Superiores não vão às reuniões onde sabem que a presença deles é inútil. Nos meios pouco instruídos, mas em que há sinceridade, vamos de boa vontade, ainda mesmo que só encontremos instrumentos

deficientes. Não vamos, porém, aos meios instruídos onde domina a ironia. Em tais meios, é preciso que se fale aos ouvidos e aos olhos; esse é o papel dos Espíritos batedores e zombeteiros. Convém que aqueles que se orgulham da sua ciência sejam humilhados pelos Espíritos menos instruídos e menos adiantados.[5]

Por outro lado, o fato de a reunião mediúnica apresentar elevado teor vibracional não fecha as portas aos Espíritos menos evoluídos e aos necessitados de auxílio. Ao contrário, esses são atraídos ou conduzidos a essas reuniões para desenvolverem aprendizado ou serem auxiliados em seus sofrimentos: "[...] algumas vezes assistem a elas com o objetivo de aproveitarem os ensinos que vos são dados, mas, nesse caso, permanecem calados, *como estouvados numa reunião de pessoas ajuizadas*", informa o Espírito orientador.[6] Kardec, por sua vez, complementa a ideia transmitida:

> Seria erro acreditar-se que alguém precisa ser médium para atrair a si os seres do mundo invisível. Eles povoam o espaço, estão constantemente em torno de nós, ao nosso lado, vendo-nos, observando-nos, intervindo em nossas reuniões, seguindo-nos ou fugindo de nós, conforme os atraímos ou repelimos. A faculdade mediúnica em nada influi para isto: ela é apenas um meio de comunicação. De acordo com o que dissemos acerca das causas de simpatia ou de antipatia entre os Espíritos, facilmente se compreenderá que devemos estar cercados daqueles que têm afinidade com o nosso próprio Espírito, segundo a nossa elevação ou inferioridade [...].
>
> Partindo desse princípio, suponhamos uma reunião de homens levianos, inconsequentes, ocupados com seus prazeres; quais serão os Espíritos que preferentemente os cercarão? Não serão, por certo, Espíritos Superiores, nem os nossos sábios e filósofos os que iriam passar o seu tempo em semelhante lugar. Assim, onde quer que haja uma reunião de homens, há igualmente em torno deles uma assembleia oculta que simpatiza com suas qualidades ou com seus defeitos, mesmo *na ausência de qualquer evocação*. Admitamos agora que tais homens tenham a possibilidade de se comunicar com os seres do mundo invisível por meio de um intérprete, isto é, por um médium; quais os Espíritos que lhes responderão ao apelo? Evidentemente os que lá estão, à espreita de uma oportunidade para se comunicarem. Se, numa assembleia fútil, chamarem um Espírito Superior, ele poderá vir e até proferir algumas palavras sensatas, como um bom pastor que atende ao chamamento de suas ovelhas desgarradas. Porém, desde que não se veja compreendido,

nem ouvido, retira-se como em seu lugar faria qualquer um de nós, deixando aos outros o campo inteiramente livre.[7]

Dessa forma, ensina ainda o Codificador, nem sempre uma reunião vista como séria o é efetivamente: "Há pessoas que nunca riem, mas cujo coração, nem por isso, é puro. Ora, é principalmente o coração que atrai os Espíritos bons".[8]

Ao ponderar a respeito da influência do meio nas comunicações mediúnicas Allan Kardec conclui:

> Por aí se vê a enorme influência do meio sobre a natureza das manifestações inteligentes. Essa influência, entretanto, não se exerce como o pretendiam algumas pessoas, quando ainda não se conhecia o mundo dos Espíritos, tal como hoje se conhece, e antes que experiências mais conclusivas viessem esclarecer as dúvidas .[...] A prova disso é que, se tiverdes a força de atrair outros Espíritos, diferentes daqueles que vos cercam, o mesmo médium usará de linguagem absolutamente diversa e dirá coisa muito distanciada das vossas ideias e das vossas convicções.
>
> Em resumo: as condições do meio serão tanto melhores, quanto mais homogeneidade houver para o bem, mais sentimentos puros e elevados, mais desejo sincero de instrução, sem ideias preconcebidas.[9]

Atento a essas orientações do Codificador do Espiritismo, Manoel Philomeno de Miranda indica os principais fatores relacionados à *influência do meio* nas mensagens que são transmitidas nas reuniões mediúnicas:

5.2.1 RESPONSABILIDADE MEDIÚNICA

Uma reunião mediúnica séria, à luz do Espiritismo, é constituída por um conjunto operacional de alta qualidade, em face dos objetivos superiores que se deseja alcançar.

Tratando-se de um empreendimento que se desenvolve no campo da energia, requisitos graves são exigidos, de forma que sejam conseguidas as realizações, passo a passo, até a etapa final. Não se trata de uma atividade com características meramente transcendentais, mas de um labor que se fundamenta na ação da caridade, tendo em vista os Espíritos aos quais é direcionado.

Formada por um grupamento de pessoas responsáveis e conscientes do que deverão realizar, receberam preparação anterior, de modo a corresponderem aos misteres a que todos são convocados para exercer, no santificado lugar em que se programa a sua execução.[10]

5.2.2 INFLUÊNCIA DAS EMOÇÕES E DOS PENSAMENTOS

As emoções constituem capítulo da vida humana, que prossegue merecendo acuradas reflexões, de modo a canalizá-las com a segurança e eficiência indispensáveis aos resultados salutares para os quais se encontram na organização fisiopsíquica de cada criatura.

[...]

Comparemo-las a uma vela cuja finalidade é iluminar. Para o mister, ela gasta combustível, como é fenômeno natural. Preservada para os fins, oferece luz por período largo; no entanto, deixada na direção do ar canalizado, apressa o próprio consumo, e, acesa nas duas extremidades, mais rapidamente se acaba. Assim também as emoções, que têm finalidade superior, no campo da vida; quando não se submetem a disciplina, exigem carga dupla da energia na qual se sustentam, culminando por destruir a sua fonte geradora.

O pensamento, porém, é o agente que as pode conduzir com a proficiência desejada, orientando-as com equilíbrio, a fim de que o rendimento seja positivo, capitalizando valores que merecem armazenados no processo iluminativo para a execução das tarefas nobres.

[...]

Porque o pensamento atua no fluido que a tudo envolve, pelo seu teor vibratório produz natural sintonia com as diversas faixas nas quais se movimentam os Espíritos, na esfera física ou na Erraticidade [...], estabelecendo vínculos que se estreitam em razão da intensidade mantida.

Essa energia fluídica, recebendo a vibração mental, assimila o seu conteúdo emocional e transforma-se, de acordo com as moléculas absorvidas, criando uma psicosfera sadia ou enfermiça em volta daquele que a emite e passa a aspirá-la, experimentando o seu efeito conforme a qualidade de que se constitui.

[...]

Ao pensamento disciplinado, portanto, cabe a árdua tarefa de educar as emoções, gerando fatores de saúde, que contribuem para a harmonia interior, dando margem ao surgimento de fenômenos de paz e confiança.[11]

5.2.3 INFLUÊNCIA DO MEIO E DO MÉDIUM

É compreensível, portanto, que a influência do meio moral e emocional seja prevalente nos fenômenos mediúnicos. Além da inevitável influência do médium, em decorrência dos seus componentes íntimos, o psiquismo do Grupo responde por grande número de resultados nos cometimentos da mediunidade. Do ponto de vista moral, os membros que constituem o Núcleo atraem, por afinidade, os Espíritos que lhe são semelhantes, em razão da convivência mental já existente entre eles. Onde quer que se apresentem os indivíduos, aí também estarão os seus consócios espirituais.

[...]

O médium é um indivíduo sensível a determinadas influenciações do Mundo Espiritual, ao mesmo tempo receptivo a certas ondas mentais que procedem dos homens, e, não raro, produzem fenômenos de telepatia, com correspondente resposta anímica aos apelos vigorosos ou aos impulsos-determinações que lhe são dirigidos.

[...]

Cabe desse modo, ao médium sincero, sobrepor, as influências do meio onde opera, as suas conquistas pessoais, gerando em sua volta uma psicosfera positiva quão otimista, sob todos os aspectos propícia à execução do compromisso a que se dedica. Como não pode antever o meio no qual exercitará a mediunidade, cabe-lhe conduzir o seu clima psíquico favoravelmente ao evento, fornecendo os elementos hábeis para os resultados benéficos.[12]

Os médiuns que fazem mau uso da faculdade que Deus lhes concedeu como meio de melhoria espiritual, agem por ignorância ou desinformação, desconhecendo os benefícios espirituais do exercício do Bem. Cedo ou tarde sofrerão os efeitos dessa negligência comportamental: "Se as utilizarem mal, serão punidos duplamente, porque têm um meio a mais de se esclarecerem e não o aproveitam. Aquele que vê claro e tropeça é mais censurável do que o cego que cai na valeta".[13]

Em outra situação, sabemos que há médiuns dominados por entidades perseguidoras que os subjugam, muitas vezes desde a infância ou mocidade. Daí Philomeno de Miranda ponderar:

Quando luzir na Humanidade o conhecimento espírita e as sutilezas da obsessão puderem ser identificados desde os primeiros sintomas, muitos transtornos infantojuvenis serão evitados, graças às terapias preventivas, ou minimizados mediante os tratamentos cuidadosos que o Espiritismo coloca à disposição dos interessados [...].[14]

A influência de Espíritos distanciados da moralidade é comum, infelizmente, na sociedade hodierna, tanto no físico como

CAPÍTULO 5 INFLUÊNCIA MORAL E DO MEIO NAS COMUNICAÇÕES MEDIÚNICAS

no espiritual. Entretanto, dedicados servidores do Amor sempre se fazem presentes nesses redutos, auxiliando de acordo com as possibilidades.

> Lugares existem onde a negligência campeia que se transformam em verdadeiros pântanos psíquicos, mas, mesmo aí, sempre luz a misericórdia do Céu, que se esparze por todo o Universo, e não faltam Espíritos gentis que se candidatam a servir nos mais escusos e hediondos. Bordéis, antros de perversão, clubes de degradação, bares de alcoólicos e infectos recintos onde se homiziam criminosos, ou elegantes cassinos e restaurantes que servem de veículo para *lavagem de dinheiro*, mas que sediam máfias cruéis e organizações poderosas, todos são laboratórios de experiências evolutivas para Espíritos compadecidos das misérias humanas que, tocados pelo Evangelho de Jesus, doam-se como samaritanos anônimos, aguardando momentos que os podem auxiliar no despertamento das consciências obnubiladas pelo vício e pelo crime malsinado, sem cansaço nem rebeldia, tendo compaixão dos que mergulham no terrível fosso.[15]

A faculdade mediúnica é, portanto, um instrumento evolutivo de melhoria espiritual, concedido por Deus aos homens:

> Quando o ser humano compreender que *viver* é fenômeno biológico, *viver bem* é conquista de prazer, mas *bem viver* é conforme as Leis de Deus, que se lhe encontram ínsitas na consciência, avançará com maior rapidez pela trilha do amor e da caridade as vias que levam à *porta estreita da salvação*.[16]

O médium esclarecido, porém, compreende a necessidade de se transformar para melhor. Procura combater as más tendências que ainda jaz no seu íntimo e, ao mesmo tempo, esforça-se em desenvolver virtudes. As mensagens mediúnicas que veicula costumam destacar a necessidade do aprendizado moral. Os orientadores espirituais lhe fazem ver, continuamente, a importância da melhoria moral, pois importa considerar, porém, como muito oportunamente nos lembra Allan Kardec, a forma como os benfeitores da Vida Maior transmite suas admoestações:

> [...] Os Espíritos dão suas lições quase sempre com reserva, de modo indireto, para não tirarem o mérito daquele que sabe aproveitá-las e aplicá-las, mas o orgulho, a cegueira de certas pessoas é tão grande que elas não se reconhecem no quadro que os Espíritos lhes põem diante dos olhos. Pior ainda: se o Espírito lhes dá a entender que é delas que se

trata, zangam-se e o qualificam de mentiroso ou malicioso. Basta isso para provar que o Espírito tem razão.[17]

O bom médium estará sempre atento à sua necessidade de transformação moral. E nunca é demais repetir com Philomeno de Miranda: "Torna-se urgente uma releitura do Evangelho de Jesus e a sua imediata aplicação como terapêutica valiosa para reverter a paisagem sofrida e triste da Humanidade contemporânea",[18] porque, prossegue o benfeitor em suas ponderações: "Desde que haja *tomadas* receptivas, que são os desacatos às Leis Divinas, sempre existirão *plugues* para se lhes fixarem produzindo a *ligação* doentia e desgastante da obsessão".[19]

> [...] O processo de evolução [...] é lento, porque aqueles que nele estamos envolvidos optamos pelo imediato, que são as ilusões que afastam aparentemente as responsabilidades e as lutas, intoxicandonos os centros do discernimento e entorpecendonos a razão. Luz, porém, em toda parte o amor de Nosso Pai, convidando à renovação e ao trabalho, à conquista de si mesmo como passo inicial para a aquisição da alegria, da paz e da felicidade de viver. Dia virá, e já se anuncia, em que o Evangelho de Jesus tocará os corações com mais profundidade, e o ser humano se levantará dos vales por onde deambula, galgando a montanha da libertação, a fim de contemplar e fruir os horizontes infinitos e plenificadores. Até que chegue esse momento, que todos nós, aqueles que amamos e já despertamos para as responsabilidades que nos dizem respeito, nos demos as mãos e, unidos, sirvamos sem reclamação, ampliando o campo das realizações enobrecedoras.[20]

A equipe espiritual que coordena a reunião mediúnica está sempre atenta a tudo que é relacionado ao grupo mediúnico, prestimosamente prestando auxílios necessários à manutenção da harmonia da equipe. Não é incomum, portanto, que, ante possíveis dificuldades que o grupo possa vir a enfrentar, sejam os seus integrantes alertados a respeito. São alertas educados, que podem ser mais ou menos sutis, mas apresentados com o cuidado de não interferir no livre-arbítrio dos integrantes da reunião:

> Muitas vezes, os avisos e conselhos não lhe são dirigidos pessoalmente, mas a outras pessoas, que só podemos alcançar por intermédio dele. O médium, porém, deve tomar a parte que lhe caiba em tais avisos e conselhos, caso não esteja cego pelo amor-próprio.[21]

A respeito, Philomeno de Miranda enfatiza como deve agir o trabalhador que se empenha em se transformar moralmente:

> Como sempre, os instrumentos de que nos utilizaremos nas atividades desenhadas pelos nossos mentores serão sempre aqueles que se encontram no Evangelho de Jesus: o amor, a bondade, a compaixão, a esperança, a caridade... Não fomos eleitos para o reproche, a reclamação nem o revide, e sim para a compreensão e o sentimento de solidariedade em qualquer circunstância e condição. Muitas armadilhas nos esperam, situações complexas e embaraçosas estarão à nossa frente, no entanto, em todos os momentos o Senhor estará amparando-nos e inspirando-nos a melhor diretriz. Em nossa programação seremos convocados a momentos muito difíceis, no entanto, confiando em Deus, não tombaremos na tentação de resolver todas as dificuldades, compreendendo que as leis se cumprem conforme foram desencadeadas por cada um.[22]

A prática mediúnica espírita deve ser conduzida com seriedade e prudência, a despeito da simplicidade de que se reveste. As qualidades morais do médium afastam as influências negativas do Espíritos desarmonizados com os propósitos do Bem. Assim, o trabalhador da mediunidade jamais deve esquecer que a mediunidade é faculdade concedida por Deus para a melhoria do Espírito. Como tal, deve ser utilizada com zelo, considerando a necessidade da influência moral positiva nas mensagens que são transmitidas pelos Espíritos. Eis o que afirma Allan Kardec:

> [...] Não creiais que a faculdade mediúnica seja dada apenas para a correção de uma ou de duas pessoas. Não. O objetivo é mais alto: trata-se da Humanidade inteira. Um médium é um instrumento que, como indivíduo, tem pouca importância. É por isso que, quando damos instruções de interesse geral, nós nos servimos dos médiuns que oferecem as facilidades necessárias. Tende, porém, como certo que tempo virá em que os bons médiuns serão muito comuns, de sorte que os Espíritos bons não precisarão servir-se de maus instrumentos.[23]

Os orientadores da Codificação Espírita também nos alertam a respeito de dois pontos cruciais para a boa prática mediúnica:

» **Não há médiuns perfeitos:**

> Perfeito? Ah! bem sabes que a perfeição não existe na Terra; se não fosse assim, não estaríeis nela. Dizei, portanto, bom médium e já é muito, pois eles são raros. Médium perfeito seria aquele contra o qual os Espíritos

maus jamais ousassem fazer uma tentativa qualquer para enganá-lo. O melhor é o que, simpatizando somente com os Espíritos bons, tem sido enganado com menos frequência.[24]

Atento a essas e outras orientaçoes do Codificador, Philomeno de Miranda pontua: "O bom médium, desse modo, conforme esclareceu Allan Kardec, *não é aquele que comunica facilmente, mas aquele que é simpático aos bons Espíritos e somente deles tem assistência*".

Combater o ego e os seus parceiros, para dar sentido aos valores espirituais, é, sem dúvida, conduta salutar, no processo da educação mediúnica e por toda a existência.[25]

» **Bons médiuns podem ser enganados:**

> Os Espíritos bons permitem, às vezes, que isso aconteça com os melhores médiuns, para lhes exercitar a ponderação e para lhes ensinar a discernir o verdadeiro do falso. Depois, por melhor que seja, um médium jamais é tão perfeito que não possa ser atacado por algum lado fraco. Isto lhe deve servir de lição. As falsas comunicações, que de tempos em tempos ele recebe, são avisos para que não se considere infalível, nem se torne orgulhoso. O médium que recebe as coisas mais notáveis não tem por que se vangloriar com isso, como não o tem o tocador de realejo, pois basta que ele acione a manivela do seu instrumento para obter as mais belas canções.[26]

É, pois, medida de prudência que o médium esteja sempre vigilante, não se deixando levar pelo orgulho e vaidade, atitudes contrárias aos preceitos morais

> O médium deve, como efeito dos perigos a que está exposto, trabalhar pelo aprimoramento íntimo constante, exercendo o seu ministério com abnegação e desinteresse, mediante o que granjeia a simpatia dos bons Espíritos, que passam a assisti-lo, ao mesmo tempo em que haure recursos fluídicos entre aqueles que lhe recebem os benefícios, adquirindo mais segurança e capacidade de autodoação. Assim se fortalece e sai das frequências mais baixas vivenciando, então, os ideais relevantes e altruísticos.
>
> O orgulho e a presunção, a indolência e a irresponsabilidade, tão do agrado das pessoas descuidadas em relação aos compromissos de alto porte, não devem viger nas atitudes de quem abraça a tarefa mediúnica, pois que aquelas qualidades perniciosas do caráter tornam-se-lhe escolhos perigosos.[27]

À guisa de síntese dos assuntos analisados, Manoel P. de Miranda assim se expressa:

> A mediunidade tem, como fim providencial, a elevação espiritual da Humanidade e do planeta que habita. Como consequência, faculta o intercâmbio dos desencarnados com os homens, rompendo a cortina que aparentemente os separa, destruindo na base a negação e o ceticismo a que muitos se aferram. Da mesma forma, oferece a correta visão da realidade de ultratumba, ampliando a compreensão em torno do mundo primeiro e causal, onde todos se originam e para o qual retornam; dá ensejo ao esforço de promoção cultural e moral, graças ao qual se torna possível a libertação dos vícios e dos atavismos mais primários que lhe predominam na natureza.
>
> [...]
>
> Assim, o exercício mediúnico fortalece os laços da fraternidade entre os habitantes das duas esferas de diferentes vibrações, ampliando a área do afeto e eliminando o ódio cáustico que infelicita grande faixa de seres; estimula a humildade, pois que demonstra, diante da grandeza da vida, a pequenez do homem, não obstante ser o grande investimento do amor que o promove e eleva através dos milênios, trabalhando pelo seu engrandecimento.
>
> A mediunidade bem exercida leva o trabalhador ao mediumato, que tem em Jesus, o Modelo, por haver sido, por excelência, o perfeito Médium de Deus, graças à sintonia ideal mantida com o Pai.[28]

REFERÊNCIAS

1   FRANCO, Divaldo Pereira. *Mediunidade*: desafios e bênçãos. Pelo Espírito Manoel Philomeno de Miranda. 1. ed. 5. imp. Salvador, BA: LEAL, 2019. *Apresentação*, p. 11.

2   KARDEC, Allan. *O livro dos médiuns*. Trad. Evandro Noleto Bezerra. 2. ed. 6. imp. Brasília, DF: FEB, 2020. 2ª pt., cap. 20, it. 226, perg. 6.

3   KARDEC, Allan. *O livro dos médiuns*. Trad. Evandro Noleto Bezerra. 2. ed. 6. imp. Brasília, DF: FEB, 2020. 2ª pt., cap. 20, it. 226, perg. 2.

4   KARDEC, Allan. *O livro dos médiuns*. Trad. Evandro Noleto Bezerra. 2. ed. 6. imp. Brasília, DF: FEB, 2020. 2ª pt., cap. 29, it. 331.

5   KARDEC, Allan. *O livro dos médiuns*. Trad. Evandro Noleto Bezerra. 2. ed. 6. imp. Brasília, DF: FEB, 2020. 2ª pt., cap. 21, it. 231, perg. 3.

6   KARDEC, Allan. *O livro dos médiuns*. Trad. Evandro Noleto Bezerra. 2. ed. 6. imp. Brasília, DF: FEB, 2020. 2ª pt., cap. 21, it. 231, perg. 4.

7   KARDEC, Allan. *O livro dos médiuns*. Trad. Evandro Noleto Bezerra. 2. ed. 6. imp. Brasília, DF: FEB, 2020. 2ª pt., cap. 21, it. 232.
8   KARDEC, Allan. *O livro dos médiuns*. Trad. Evandro Noleto Bezerra. 2. ed. 6. imp. Brasília, DF: FEB, 2020. 2ª pt., cap. 21, it. 233.
9   KARDEC, Allan. *O livro dos médiuns*. Trad. Evandro Noleto Bezerra. 2. ed. 6. imp. Brasília, DF: FEB, 2020. 2ª pt., cap. 21, it. 233.
10 FRANCO, Divaldo Pereira. *Mediunidade*: desafios e bênçãos. Pelo Espírito Manoel Philomeno de Miranda. 1. ed. 5. imp. Salvador, BA: LEAL, 2019. cap. 9, p. 77.
11 FRANCO, Divaldo Pereira. *Temas da vida e da morte*. Pelo Espírito Manoel Philomeno de Miranda. 7. ed. 3. imp. Brasília, DF: FEB, 2018. cap. *Pensamento e emoções*.
12 FRANCO, Divaldo Pereira. *Temas da vida e da morte*. Pelo Espírito Manoel Philomeno de Miranda. 7. ed. 3. imp. Brasília, DF: FEB, 2018, cap. *Influência do meio e do médium*.
13 KARDEC, Allan. *O livro dos médiuns*. Trad. Evandro Noleto Bezerra. 2. ed. 6. imp. Brasília, DF: FEB, 2020. 2ª pt., cap. 20, it. 226, perg. 3.
14 FRANCO, Divaldo Pereira. *Sexo e obsessão*. Pelo Espírito Manoel Philomeno de Miranda. 8. ed. 3. imp. Salvador, BA: LEAL, 2019. cap. 4, p. 52.
15 FRANCO, Divaldo Pereira. *Perturbações espirituais*. Pelo Espírito Manoel Philomeno de Miranda. 1. ed. 3. imp. Salvador, BA: LEAL, 2017. cap. 16, p. 217 e 218.
16 FRANCO, Divaldo Pereira. *Perturbações espirituais*. Pelo Espírito Manoel Philomeno de Miranda. 1. ed. 3. imp. Salvador, BA: LEAL, 2017. cap. 16, p. 219.
17 KARDEC, Allan. *O livro dos médiuns*. Trad. Evandro Noleto Bezerra. 2. ed. 6. imp. Brasília, DF: FEB, 2020. 2ª pt., cap. 20, it. 226, perg. 4, Observação.
18 FRANCO, Divaldo Pereira. *Reencontro com a vida*. Pelo Espírito Manoel Philomeno de Miranda. Salvador, BA: LEAL, 2015. cap. 1, p. 22.
19 FRANCO, Divaldo Pereira. *Sexo e obsessão*. Pelo Espírito Manoel Philomeno de Miranda. 8. ed. 3. imp. Salvador, BA: LEAL, 2019. cap. 4, p. 53.
20 FRANCO, Divaldo Pereira. *Tormentos da obsessão*. Pelo Espírito Manoel Philomeno de Miranda. 10. ed. 3. imp. Salvador, BA: LEAL, 2018. cap. 9, p. 116.

21 KARDEC, Allan. *O livro dos médiuns*. Trad. Evandro Noleto Bezerra. 2. ed. 6. imp. Brasília, DF: FEB, 2020. 2ª pt., cap. 20, it. 226, perg. 5.
22 FRANCO, Divaldo Pereira. *Amanhecer de uma nova era*. Pelo Espírito Manoel Philomeno de Miranda. 2. ed. 4. imp. Salvador, BA: LEAL, 2017. cap. 3, p. 39.
23 KARDEC, Allan. *O livro dos médiuns*. Trad. Evandro Noleto Bezerra. 2. ed. 6. imp. Brasília, DF: FEB, 2020. 2ª pt., cap. 20, it. 226, perg. 5.
24 KARDEC, Allan. *O livro dos médiuns*. Trad. Evandro Noleto Bezerra. 2. ed. 6. imp. Brasília, DF: FEB, 2020. 2ª pt., cap. 20, it. 226, perg. 9.
25 FRANCO, Divaldo Pereira. *Mediunidade*: desafios e bênçãos. Pelo Espírito Manoel Philomeno de Miranda. 1. ed. 5. imp. Salvador, BA: LEAL, 2019. cap. 7, p. 69.
26 KARDEC, Allan. *O livro dos médiuns*. Trad. Evandro Noleto Bezerra. 2. ed. 6. imp. Brasília, DF: FEB, 2020. 2ª pt., cap. 20, it. 226, perg. 10.
27 FRANCO, Divaldo Pereira. *Temas da vida e da morte*. Pelo Espírito Manoel Philomeno de Miranda. 7. ed. 3. imp. Brasília, DF: FEB, 2018. cap. *Obstáculos à mediunidade*.
28 FRANCO, Divaldo Pereira. *Temas da vida e da morte*. Pelo Espírito Manoel Philomeno de Miranda. 7. ed. 3. imp. Brasília, DF: FEB, 2018. cap. *Obstáculos à mediunidade*.

TERCEIRA PARTE

A REUNIÃO MEDIÚNICA ESPÍRITA

1 Integrantes da equipe mediúnica: encarnados e desencarnados

2 Natureza das manifestações mediúnicas

3 Etapas da reunião mediúnica

CAPÍTULO 1

INTEGRANTES DA EQUIPE MEDIÚNICA: ENCARNADOS E DESENCARNADOS

As reuniões mediúnicas são de grande importância, não só pelo conhecimento, no que diz respeito ao fenômeno da morte, à vida no Plano Espiritual, à comunicação dos Espíritos desencarnados e as lições de felicidade e infelicidade que eles transmitem, consoante a manifestação da Lei da Causa e Efeito. Allan Kardec esclarece a respeito:

> As reuniões espíritas podem oferecer grandes vantagens, por permitirem que as pessoas que nelas tomam parte se esclareçam, mediante a troca de ideias, pelas perguntas e observações que façam entre si, das quais todos aproveitam. Mas, para que produzam todos os frutos desejados, requerem condições especiais que vamos examinar, pois procederia mal quem as comparasse às reuniões comuns. Aliás, sendo cada reunião um todo coletivo, o que lhe diz respeito decorre naturalmente das instruções precedentes. Como tal, com ela devemos tomar as mesmas precauções e preservá-las das mesmas dificuldades que os indivíduos isoladamente. [...].[1]

Manoel Philomeno de Miranda nos apresenta em suas obras valoroso cabedal de exemplos de influenciação que, usualmente, ocorre entre os dois planos da vida, resultando alegrias e bem-estar ou desconfortos e sofrimentos, que, por ora, predominam. Infelizmente, como ele nos orienta no seu livro *Transição planetária*:

> Os dois mundos de vibrações – físico e espiritual – aumentaram o intercâmbio com maior facilidade, e o conúbio espiritual inferior começou a fazer-se tão simples que qualquer comportamento mental logo encontra resposta em equivalente sintonia com os Espíritos que se movimentam nessa faixa vibratória. É claro que aquela que diz respeito aos sentidos mais agressivos e sensuais, predomina na conduta generalizada.[2]

O querido benfeitor, Philomeno de Miranda, esclarece, corroborando com o Codificador Allan Kardec, a necessidade de as reuniões

CAPÍTULO 1 INTEGRANTES DA EQUIPE MEDIÚNICA: ENCARNADOS E DESENCARNADOS

mediúnicas contribuírem para minimizar dores do próximo pelo atendimento a Espíritos sofredores:

> As reuniões práticas do Espiritismo, na atualidade, têm caráter iluminativo em favor dos desencarnados que sofrem, sejam elas de educação da mediunidade para principiantes, sejam as de desobsessão com intermediários experientes e conhecedores dos princípios espíritas.
>
> Devem revestir-se, por isso mesmo, de simplicidade, sendo os seus membros trabalhadores sinceros e dedicados ao Bem, de modo que se conjuguem os valores morais aos espirituais, num todo harmonioso, do qual decorrerão os resultados opimos que se devem perseguir.[3]

Enfatiza também o valor do comportamento ético e moral dos trabalhadores que compõem a reunião mediúnica:

> Conduzir-se com disciplina moral, no dia a dia da existência, é um item exigível a todos os membros da grei, a fim de que a amizade, o respeito e o apoio dos benfeitores auxiliem-nos na conquista de si mesmos.
>
> Numa reunião mediúnica séria não há lugar para dissimulações, ressentimentos, antipatias, censuras, porque todos os elementos que a constituem têm caráter vibratório, dando lugar a sintonias compatíveis com a carga emocional de cada onda mental emitida.
>
> [...]
>
> Pontualidade de todos na frequência, cometimento de conduta no ambiente, unção durante os trabalhos e alegria por encontrar-se a serviço de Jesus são requisitos indispensáveis para os resultados felizes de uma reunião mediúnica séria à luz do Espiritismo.[4]

Complementa o seu pensamento ao afirmar: "Uma reunião mediúnica séria, à luz do Espiritismo, é constituída por um conjunto operacional de alta qualidade, em face dos objetivos superiores a que se deseja alcançar".[5]

A realização de uma reunião mediúnica séria no plano físico conta sempre com o apoio de benfeitores espirituais que, efetivamente, são os que coordenam e colaboram no intenso trabalho de intercâmbio, de forma prestimosa e responsável, inclusive, como lembra, Dr. Miranda, oferecendo condições para a recepção dos Espíritos sofredores: "Aqui estamos para preparar o ambiente que receberá logo mais nossos irmãos reencarnados [...]".[6]

E, continua em seus esclarecimentos: "Toda e qualquer expressão de mediunidade exige disciplina, educação, correspondente conduta moral e social do seu possuidor, a fim de facultar-lhe a sintonia com os Espíritos superiores, embora o convívio com os infelizes que lhe cumpre socorrer".[7]

1.1 OS ESPÍRITOS DESENCARNADOS DA REUNIÃO MEDIÚNICA

Os Espíritos desencarnados que atuam e/ou manifestam em uma reunião mediúnica podem ser categorizados em: benfeitores espirituais, orientadores e trabalhadores; Espíritos sofredores, necessitados de ajuda; e Espíritos que acompanham os encarnados, abrangendo amigos, familiares e sofredores.

1.1.1 BENFEITORES ESPIRITUAIS

O auxílio dos benfeitores espirituais aos encarnados é fundamental e Philomeno de Miranda ensina com sabedoria, na obra *Transição planetária*:

> Podíamos perceber os numerosos grupos de trabalhadores de nossa esfera e de outras sob o comando superior de Jesus desdobrando-se para criar no planeta a psicosfera compatível com as exigências das transformações que se operavam mediante o sofrimento, assim como através do despertamento das consciências pela iluminação do conhecimento e as bênçãos da caridade.
>
> Os Grupos espíritas afeiçoados à verdade e os trabalhadores responsáveis pela realização do bem geral passavam a receber informações especializadas a respeito da conduta dos seus membros, como aliás sempre ocorreu, de forma que pudessem criar o clima mental e emocional para enfrentar os cataclismos que, por outro lado, aconteciam mais frequentemente, acelerando o processo de crescimento das vidas em amor e paz.[8]

Os benfeitores espirituais comportam uma equipe variada e muito disciplinada, constituída de trabalhadores dedicados, incumbidos de realização de atividades necessárias a uma reunião mediúnica séria. Philomeno de Miranda fornece algumas impressões a respeito do que observou em uma das reuniões que participou no Plano Espiritual:

> À hora regulamentar da Instituição, os membros da equipe socorrista reuniram-se como de hábito para a atividade da noite. Tratava-se de

CAPÍTULO 1 INTEGRANTES DA EQUIPE MEDIÚNICA: ENCARNADOS E DESENCARNADOS

> um grupo bastante harmonizado, qual uma orquestra bem treinada sob a batuta de devotado trabalhador da Causa Espírita, o amigo Felipe, que militava nos seus diversos labores há algumas décadas e que se afeiçoara, especialmente, ao ministério da psicoterapia com desencarnados infelizes.
>
> Após as leituras preparatórias e os comentários breves que antecederam à oração de abertura dos serviços espirituais, a mentora da Instituição trouxe palavras sucintas de orientação em torno dos trabalhos terapêuticos que teriam lugar naquela noite, e alguns dos médiuns, recolhidos em prece, a pouco e pouco entraram em transe, facultando que as comunicações dos Espíritos sofredores uns, atormenta dos outros, tivessem lugar.
>
> O médium Ricardo havia-se destacado pela facilidade da ocorrência dos fenômenos da psicofonia e da psicografia. Adestrado pelo estudo e prática da mediunidade com Jesus, era sensível e gentil aos apelos do Mundo maior, jamais se recusando ao serviço de esclarecimento e de caridade para com os Espíritos infelizes.[9]

No mesmo livro, *Sexo e obsessão*, Manoel P. de Miranda fortifica os desafios do Mundo Superior em apoiar e dirigir espiritualmente a reunião:

> Concluídas as sábias informações, ficamos a considerar os volumosos desafios que estavam destinados aos bons trabalhadores do Evangelho, de forma que pudessem permanecer fiéis aos postulados do dever, vivenciando-os, de maneira a confirmar-lhes a excelência, recurso único eficaz para desbaratar as construções do mal e dos seus pugnadores. Podia considerar que durante muito tempo a nobre Instituição iria sofrer as investidas da crueldade e da astúcia, utilizando-se da fragilidade dos seus membros.
>
> Não ignorava, no entanto, conforme acabara de presenciar, que os recursos valiosos do Alto desceriam sempre quando necessários, a fim de que não faltasse o pão de luz nos seus celeiros de amor, nem as valiosas bênçãos da coragem e dos valores morais para os enfrentamentos inevitáveis.[10]

O distinto orientador Manoel P. de Miranda informa que, em visita a um hospital psiquiátrico do Além, percebeu que certos Espíritos enfermos, portadores viciações mentais, viviam em regime de conluio mental com outros Espíritos, o que lhes ampliava a desordem psíquica, os quais poderiam, posteriormente, ser atendidos na reunião mediúnica:

Surpreendi-me, agradavelmente, por observar que, além dos numerosos adversários desencarnados que se misturavam com os pacientes, uns seus inimigos, outros Espíritos vadios e promíscuos que se utilizavam das circunstâncias para locupletar-se nas viciações mentais condensadas em formas agressivas e pastosas, frutos da ideoplastia enfermiça dos internados, também se encontravam infatigáveis trabalhadores de nosso Plano em atividade beneficente. Eram enfermeiros cuidadosos, familiares abnegados, médicos devotados, mensageiros da saúde e do amor, sustentando as estruturas morais, psíquicas e espirituais do sanatório.[11]

Allan Kardec explica que, além dos trabalhadores usuais e convidados que participam da reunião mediúnica no plano extrafísico, há os chamados "frequentadores habituais":

[...] Em todas elas sempre estão presentes Espíritos a quem poderíamos chamar *frequentadores habituais*, que não devem ser confundidos com os que se encontram em toda parte e em tudo se intrometem. Estamos nos referindo aos Espíritos protetores, ou aos que são interrogados com mais frequência. Não se pense que esses Espíritos nada mais tenham a fazer, senão ouvir o que lhes queiramos dizer ou perguntar. [...] Quando as reuniões se realizam em dias e horas certos, eles se preparam antecipadamente e é raro faltarem. [...].

Acrescentemos, todavia, que embora os Espíritos prefiram a regularidade, os de ordem verdadeiramente superior não se mostram tão meticulosos a esse ponto. [...] Nada, porém, é mais prejudicial às boas comunicações do que os chamar a torto e a direito, para satisfazer a uma fantasia e, principalmente, sem motivo sério. Como não estão sujeitos aos nossos caprichos, é possível que não atendam ao nosso chamado, situação de que se aproveitam outros Espíritos para lhes tomar o lugar e os nomes.[12]

Sabemos que, entre esses benfeitores espirituais, existem aqueles que auxiliam, mas procuram manter-se no anonimato, a despeito de se revelarem abnegados e possuidores de grande poder de ação, como relata Philomeno Miranda ao destacar as seguintes palavras de Dr. Bezerra de Menezes:

Respeitamos todas as criaturas nos degraus em que estagiam, no seu processo de evolução espiritual. Entretanto, valorizamos os trabalhadores anônimos da mediunidade, os que formam os círculos espirituais de assistência aos desencarnados e de intercâmbio conosco pelo sacrifício, abnegação e fidelidade com que se dedicam ao fanal da consolação e da caridade que flui e reflui nas sessões mediúnicas de todas as expressões sérias: de curas ou fluidoterapia, de desobsessão, de desenvolvimento ou de educação da mediunidade, de materialização com objetivos sérios e superiores, favorecendo o exercício das várias faculdades mediúnicas para a edificação e vivência do bem.

Esses trabalhadores incompreendidos, muitas vezes afadigados, estão cooperando eficazmente, no esquecimento a que muitos os relegam, com os benfeitores da Humanidade, na construção do Mundo Novo de amanhã pelo qual todos anelamos.[13]

Manoel P. de Miranda informa, igualmente, a respeito da assistência prestada por familiares: "familiares reconhecidos, credenciados ao atendimento dos seres que lhes eram queridos, cooperavam na assistência dispensada pelo posto [de atendimento], diminuindo a carga de esforço dos trabalhadores especializados".[14]

Na obra, *Transtornos psiquiátricos e obsessivos,* o benfeitor em trabalho espiritual observa mudanças no recinto, com ampliação de dimensões, a fim de melhor atender as demandas das atividades:

> Observei que o recinto adquirira dimensões superiores aos limites impostos pela edificação material. Ampliando-se, à nossa vista, poderia receber grande número de desencarnados e de dedicados trabalhadores em desdobramento parcial pelo sono, a fim de que participassem do evento especial.[15]

Por meio das providencias do seu amigo José Petitinga, outro grande benfeitor da Espiritualidade, Philomeno de Miranda, percebe também mudanças na psicosfera ambiental do local da reunião mediúnica que, antes, estava carregada de vibrações desarmônicas, mas ficou suavizada, favorecendo a realização da tarefa de auxílio.

> Petitinga providenciara a participação de especialistas em recuperação psíquica ambiental, que se utilizando de equipamentos especiais diluíam as densas vibrações de animosidade que eram absorvidas pela assistência espiritual inferior, enquanto instalavam alguns outros apropriados para criar uma psicosfera mais saudável, em face de pequeno grupo de devotados trabalhadores espirituais que permaneceriam em prece, emitindo ondas de simpatia, de ternura, de amor...
>
> Lentamente o local foi-se modificando, os Espíritos burlões passaram a sentir-se mal e foram-se afastando, enquanto os mais hostis, porque conhecedores dos recursos que. estavam sendo instalados, saíam

furibundos blasfemando contra o Cristo e os seus asseclas, como eles denominavam os generosos obreiros do Bem.

Pouco antes das 20h, quando chegaram os diversos membros da sociedade [espírita ou grupo mediúnico] e adentraram-se na sala, que antes se apresentava asfixiante com elementos nocivos à saúde física, emocional e mental, passaram a experimentar o peculiar bem-estar, que os foi desarmando, favorecendo a tranquilidade.

Equipe especializada em passes fluídicos e magnéticos encontrava-se a postos, e quando o presidente iniciou a oração de abertura da reunião, todos foram beneficiados pelos recursos preciosos advindos do Alto, liberando-os das fixações injustas, do desejo de revide, das maquinações trabalhadas antes e que deveriam explodir durante o encontro.[16]

A prece, que deve ser usual na abertura e encerramento da reunião mediúnica, assim como em qualquer outra atividade espírita, apresenta, sempre, poderoso efeito em todas as situações da vida. Reproduzimos, aqui, os benefícios que fora proferida por Dr. Bezerra de Menezes, convidado do grupo mediúnico:

> A prece proferida com unção atraíra alguns Espíritos nobres que ali trabalhavam, bem como alguns dos guias espirituais dos presentes, transformando completamente o recinto para melhor.
>
> [...]
>
> A oração sincera ampliou o campo das vibrações favoráveis ao bom entendimento dos participantes do encontro administrativo, permitindo que se fortalecessem as sucessivas ondas de bem-estar que lhes eram dirigidas pelos trabalhadores espirituais e, sobretudo, pelo emérito convidado, que logo mais iria comunicar-se.
>
> A irradiação afetiva do venerável Espírito Dr. Bezerra alcançava cada um dos presentes encarnados e favorecia-os com alegria interior e sadio propósito de servir à Causa de Jesus a que foram convocados.[17]

Manoel P. de Miranda relata no livro *Tramas do destino* que os compromissos assumidos pela equipe dos Espíritos benfeitores junto aos trabalhadores encarnados, fora ou dentro das reuniões mediúnicas, são variados e precedem a fundação do centro espírita. Muito antes da organização material da instituição espírita, um grupo de obreiros desencarnados assumem tarefas específicas, como, por exemplo, procedimentos de defesa e proteção espiritual, instalação de equipamentos, entre outros:

CAPÍTULO 1 INTEGRANTES DA EQUIPE MEDIÚNICA: ENCARNADOS E DESENCARNADOS

> Sucessivamente, antes mesmo que se definissem os planos da edificação material da casa, foram tomadas medidas no que dizia respeito aos contingentes magnéticos no local e outras providências especiais.
>
> [...]
>
> Todavia, nos respectivos departamentos reservados à câmara de passes, recinto mediúnico e sala de exposições doutrinárias, foram providenciadas aparelhagens complexas e com finalidades específicas, para cada mister apropriadas, no Plano Espiritual.
>
> Espíritos especializados em impregnação magnética do ambiente foram requisitados para a criação de uma psicosfera salutar, e, ulteriormente, ficaram destacados alguns obreiros para o trabalho permanente de preservação e renovação. Outrossim, instalaram-se recursos de defesas, a fim de se resguardarem a Casa e os seus frequentadores das nocivas investidas das hordas de salteadores e vagabundos desencarnados, como, também, para se fazer a triagem dos que, *do lado de cá*, poderiam penetrar-lhe o recinto...[18]

O trabalho de cooperação dos orientadores e benfeitores espirituais junto a todos nós, Espíritos em trânsito pela vida física, sobretudo no que diz respeito à organização e funcionamento de um Centro Espírita e todas as atividades que aí se desenvolvem corriqueiramente. Daí o venerável Philomeno de Miranda enfatizar:

> Em toda parte, sem dúvida, pode e deve o homem elevar-se ao seu Criador, no entanto, dedicando-se a misteres muito complexos e elevados, quais os das incursões profundas nos cernes da alma, mediante os serviços de desobsessão, de despertamento da hibernação de que padecem muitos desencarnados, do deslinde dos vínculos infelizes e do socorro às regiões purgatoriais, no lugar em que se realizam tais relevantes obrigações não podem coexistir a leviandade e a honradez, a chufa e o verbo edificante, a esperança e a revolta...
>
> Larvas mentais, ideoplastias perniciosas, vibrações deprimentes, fixações dissolventes dos frequentadores encarnados como dos Espíritos desencarnados conspirariam contra a saúde psíquica e mesmo física dos participantes das tarefas e aprendizes do evangelho, não fossem os recursos assépticos e os contributos dos mentores, por cuja preservação todos devemos lutar, esforçando-nos por manter ou criar um clima espiritual refazente, acolhedor, pacificante, inspirativo, a fim de que todos nos beneficiemos.
>
> Diferença psíquica significativa tem que apresentar a casa espírita em relação a outros recintos de qualquer natureza, atestando, dessa forma,

a qualidade dos seus trabalhadores espirituais e o tipo de finalidades a que se destina...[19]

Manoel Philomeno de Miranda apresenta, ao final, uma síntese do trabalho de cooperação que existe entre os Espíritos benfeitores e os encarnados no Centro Espírita: "Hospital-escola para os que sofrem, o Centro Espírita é templo de recolhimento e oração, onde se estabelecem, se fixam e por onde transitam as forças da comunhão entre o homem e Deus".[20]

1.1.2 ESPÍRITOS SOFREDORES

Os diferentes tipos de desencarnados necessitados de auxílio, representa uma vasta categoria e, os que chegam à reunião mediúnica séria são conduzidos pelos benfeitores espirituais ou admitidos pelos Espíritos coordenadores da reunião. Denominados genericamente de *sofredores*, apresentam aflições de todos os matizes, fazendo-os revelar diferentes graus de desarmonia psíquica: desde o desconhecimento da própria desencarnação, passando-se pelos portadores de arrependimento, tristezas e amarguras, os perturbadores, desordeiros, levianos e brincalhões até depararmos com os Espíritos endurecidos, perseguidores cruéis, geralmente categorizados como obsessores.

É significativo número dos desencarnados permanecem vinculados à vida que transcorre no plano físico, mantendo-se em processo de imantação e interação com os encarnados que lhes são afins. Muitos desse Espíritos são trazidos, ordinariamente, às reuniões mediúnicas. Quanto aos obsessores, compõem um grupo amplo e variado, sendo variáveis as causas da obsessão, como ensina Allan Kardec:

> As causas da obsessão variam de acordo com o caráter do Espírito. Às vezes é uma vingança que ele exerce sobre a pessoa que o magoou nesta vida ou em existências anteriores. Muitas vezes, é o simples desejo de fazer o mal; como o Espírito sofre, quer fazer que os outros também sofram; encontra uma espécie de prazer em atormentá-los, em humilhá-los, e a impaciência que a vítima demonstra o exacerba mais ainda, porque é esse o objetivo que o obsessor tem em vista, enquanto a paciência acaba por cansá-lo. Ao irritar-se e mostrar-se despeitado, o perseguido faz exatamente o que o perseguidor deseja. Esses Espíritos agem, não raras vezes, por ódio e por inveja do bem, o que os leva a

CAPÍTULO 1 INTEGRANTES DA EQUIPE MEDIÚNICA: ENCARNADOS E DESENCARNADOS

lançarem suas vistas malfazejas sobre as pessoas mais honestas. [...] Outros são guiados por um sentimento de covardia, que os induz a se aproveitarem da fraqueza moral de certos indivíduos, que eles sabem incapazes de lhes resistirem. [...].[21]

O Codificador assinala, inclusive, que nem todos os obsessores são maus, no sentido expresso da palavra, como observa-se em certos perseguidores implacáveis, mas alguns deles podem-se revelar até mais perigosos:

> Há Espíritos obsessores sem maldade, que até mesmo são bons, mas dominados pelo orgulho do falso saber. Têm suas ideias, seus sistemas sobre as ciências, a economia social, a moral, a religião, a filosofia, e querem fazer que suas opiniões prevaleçam. Para isso, procuram médiuns bastante crédulos para os aceitar de olhos fechados e que eles fascinam, a fim de os impedir de discernirem o verdadeiro do falso. São os mais perigosos, já que os sofismas nada lhes custam e porque podem dar credibilidade às mais ridículas utopias. Como conhecem o prestígio dos grandes nomes, não têm escrúpulo de se servirem de um deles, diante dos quais todos se inclinam, não recuando nem mesmo ante o sacrilégio de se dizerem Jesus, a Virgem Maria, ou um santo venerado. Procuram deslumbrar por meio de uma linguagem empolada, mais pretensiosa do que profunda, recheada de termos técnicos e enfeitada de palavras grandiosas, como caridade e moral. Evitarão com todo cuidado dar um mau conselho, porque sabem perfeitamente que seriam repelidos. É por isso que as pessoas que eles enganam os defendem com insistência, dizendo: "Bem vedes que nada dizem de mau". É que a moral, para esses Espíritos, não passa de simples passaporte, sendo o fator que menos os preocupa. O que querem, acima de tudo, é dominar e impor suas ideias, por mais absurdas que sejam.[22]

No fechamento desse item que trata dos Espíritos desencarnados, Manoel Philomeno de Miranda constata os resultados positivos da reunião mediúnica espírita:

» Pudemos observar os resultados positivos de uma reunião mediúnica séria, em que os seus membros somavam esforços para colimar os resultados felizes. Todos, médiuns e doutrinadores, irradiavam luzes que difeririam na cor e no tom, correspondendo ao transe em que mergulhavam e à sintonia com as Entidades que se dispunham às incorporações.

» O diligente mentor supervisionava a nobre tarefa, encaminhando os mais difíceis de comunicar-se, produzindo imantações magnéticas e fluídicas entre eles e os sensitivos, expressivamente receptivos, comportamento esse que facilitava grandemente a operação delicada.

» Os doutrinadores usavam da terapia da bondade, evitando a discussão inoportuna e transmitindo, com a palavra serena, as vibrações de amor e interesse de renovação, que os pacientes assimilavam de imediato.[23]

» Algumas Entidades calcetas, mais rebeldes, que insistiam em perturbar o trabalho tomando os preciosos minutos, eram hipnotizadas pelos diligentes trabalhadores do plano físico, no que se tornavam auxiliados com segurança por hábeis técnicos da nossa esfera de ação, ali operando.

» Notei que as induções hipnóticas do doutrinador, porque carregadas de energias emanadas do cérebro físico, faziam-se portadoras de mais alto teor vibratório que atingia os Espíritos, por sua vez recebendo a onda mental através da celebração do intermediário. De imediato, cediam ao sono reparador, sendo transferidos para os leitos que lhes estavam reservados, como primeiro passo para providências mais expressivas depois.[24]

1.2 OS ESPÍRITOS ENCARNADOS NA REUNIÃO MEDIÚNICA

O médium, independentemente do tipo ou grau de mediunidade de que é portador, e demais trabalhadores do grupo mediúnico, devem possuir base doutrinária espírita, em geral adquirida nos cursos sequenciais existentes no Centro Espírita. Antes de participar do grupo mediúnico, como membro dessa equipe, deve estar, de alguma forma, integrado ao Centro Espírita ao qual se encontra vinculado, aí exercendo atividades que mais se adequem ao seu modo de ser: palestras públicas, estudos doutrinários da criança, do jovem ou do adulto, assistência e promoção social espírita, atendimento espiritual, transmissão do passe, comunicação social espírita etc.

CAPÍTULO 1 INTEGRANTES DA EQUIPE MEDIÚNICA: ENCARNADOS E DESENCARNADOS

Quanto à prática mediúnica – que deve ser exercida no Centro Espírita a que está vinculado –, o espírita deve possuir boa base de conhecimento espírita e da mediunidade, a fim de que possa integrar--se com mais segurança à equipe de trabalhadores, desencarnados e encarnados. Afirma Manoel P. de Miranda:

> Somente através do conhecimento lúcido e lógico da mediunidade, mediante o estudo de *O livro dos médiuns*, de Allan Kardec, é que se deve permitir o candidato à educação da sua faculdade, ao aprimoramento pessoal, iniciando, então, o exercício dessa disposição orgânica profundamente arraigada nos valores morais do Espírito[25]

Manoel P. de Miranda no livro *Sexo e obsessão*, faz apreciações a respeito de uma reunião mediúnica conduzida por obreiros dos dois planos da vida:

> Uma reunião mediúnica de qualquer natureza é sempre uma realização nobre em oficina de ação conjugada, na qual os seus membros se harmonizam e se interligam a benefício dos resultados que se perseguem, quais sejam, a facilidade para as comunicações espirituais, o socorro aos aflitos de ambos os planos da vida, a educação dos desorientados, as terapias especiais que são aplicadas, e, naquelas de desobsessão, em face da maior gravidade do cometimento, transforma-se em clínica de saúde mental especializada, na qual cirurgias delicadas são desenvolvidas nos periespíritos dos encarnados, assim como dos liberados do corpo, mediante processos mui cuidadosos, que exigem equipe eficiente no que diz respeito ao conjunto de cooperadores do mundo físico.[26]

O grupo mediúnico do plano físico é composto, de modo geral, dos seguintes participantes: dirigente da reunião e seu substituto; médiuns esclarecedores, também denominados dialogadores ou doutrinadores; além de médiuns ostensivos, que são os psicofônicos, psicógrafos e videntes; e a equipe de apoio: passistas, pessoas que fazem prece e/ou irradiações mentais. Em suma, esclarece o benfeitor amigo:

> Formada por um grupamento de pessoas responsáveis e conscientes do que deverão realizar, receberam preparação anterior, de modo a corresponderem aos misteres a que todos são convocados para exercer, no santificado lugar em que se programa a sua execução.
>
> Deve compor-se de conhecedores da Doutrina Espírita e que exerçam a prática da caridade sob qualquer aspecto possível, de maneira a

conduzirem créditos morais perante os Soberanos Códigos da Vida, assim atraindo as Entidades respeitáveis e preocupadas com o bem da Humanidade.[27]

1.2.1 DIRIGENTE DA REUNIÃO E MÉDIUNS ESCLARECEDORES

O dirigente da reunião mediúnica coordena todas as etapas da reunião, sendo considerado o responsável pelo bom andamento das atividades, no espaço de tempo de, aproximadamente 1 hora e 30 minutos. Deve contar com o auxílio direto de substitutos, que agem como auxiliares diretos e que assumem direção do grupo na ausência ou impedimentos do titular.

A vigilância, bom senso, conhecimento doutrinário e maturidade espiritual são qualidades que se espera do dirigente da reunião mediúnica, que deve manter-se atento ao desenrolar de todas as etapas da reunião, em especial ao teor e qualidade da manifestações mediúnicas, intervindo sempre que se fizer necessário, a fim de que a seriedade e harmonia sejam mantidas. A propósito, Allan Kardec pondera, em *O livro dos médiuns*: "[...] Daí necessidade de os dirigentes dos grupos espíritas serem dotados de fino tato e de rara sagacidade, para discernir as comunicações autênticas das que não o são, e para não ferir os que se iludem a si mesmos".[28]

O dirigente da reunião mediúnica, deve estar suficientemente esclarecido a respeito das atividades que se realizam nos dois planos da vida, os compromissos e responsabilidades que cabe a cada servidor do bem, encarnado ou desencarnado. Por esses e outros motivos, a sua formação espírita, o equilíbrio emocional e gentileza de trato devem se destacar, a fim de que inspire confiança nos demais membros da equipe. Philomeno de Miranda considera a respeito das reuniões mediúnicas espíritas:

> No que concerne, porém, às reuniões espíritas mediúnicas, defrontamos compromisso bastante diferenciado no que diz respeito à investigação pura e simples.
>
> Programadas pela Espiritualidade, são constituídas por um grupo de pessoas sérias, assíduas e conscientes do seu significado, comprometidas com a ação da caridade em forma de terapêutica eficiente para os desencarnados em aflição.[29]

CAPÍTULO 1 INTEGRANTES DA EQUIPE MEDIÚNICA: ENCARNADOS E DESENCARNADOS

E prossegue em suas elucidações:

> Não raro, a programação espiritual estabelece como transcorrerão as comunicações, quais as providências tomadas para evitar transtornos e perturbações, no entanto, especialistas em contribuição magnética encontram-se a postos para interferir caso haja distúrbios ou agressividade desnecessária daqueles que se comprazem no mal e se elegem como vinga dores e contumazes inimigos do progresso, da paz.
>
> [...]
>
> Depreende-se, desse modo, que os membros que constituem a reunião encontram-se comprometidos com o conjunto, não se devendo permitir situações embaraçosas cujos efeitos se refletirão no todo.
>
> Organizada a tarefa e estabelecidos os parâmetros de ação, espera-se que a equipe de colaboradores encarnados se encontre igualmente sintonizada com a atividade, a fim de ser conseguido o êxito anelado.[30]

Importa destacar que é muito comum o dirigente da reunião mediúnica assumir também o papel de médium esclarecedor (dialogador ou doutrinador). Nessas condições, é importante que o auxiliar direto da direção esteja atento para assumir temporariamente a coordenação do grupo, enquanto o titular realiza atendimento ao Espírito comunicante. Estejamos, pois, atentos às questões de ausências:

> Quando o médium ou o doutrinador, por motivo frívolo falta ao compromisso, exige que seja modificado o roteiro estabelecido, quando isso é possível, sendo tomadas as providências de urgência, certamente previstas pelos Mentores, já que eles não agem por ações de improviso.[31]

Aos dialogadores cabe, em particular, cuidados com a palavra junto aos necessitados, como nos orienta o Codificador: "[...] Por meio de sábios conselhos, é possível induzi-los ao arrependimento e apressar o progresso deles".[32]

Tais informações propiciam a devida seriedade e segurança à prática mediúnica espírita, mantendo cada membro do grupo unidos nas finalidades da tarefa:

> Esse conjunto de trabalho harmônico obedece a um ritmo seguro, que somente os membros encarnados podem perturbar.
>
> A reunião espírita mediúnica, portanto, com objetivos socorristas, obedece a um processo de delineamento equilibrado para que, concluído o tempo que lhe é reservado, distendam-se os socorros além da esfera

física com a presença ou não dos participantes parcialmente desdobrados pelo sono fisiológico.

A sessão mediúnica séria e responsável é laboratório espírita para atividades psicoterapêuticas aos transeuntes de ambos os planos da vida, contribuindo eficazmente para o equilíbrio e a saúde total dos Espíritos.

[...]

Desse modo, o elevado mister socorrista constitui expressiva experiência de caridade, em razão do anonimato daquele que vem rogar ajuda e da generosidade de quem a oferece, conforme recomendava Jesus: *dando com a mão direita, sem que a esquerda tome conhecimento.*[33]

1.2.2 MÉDIUNS OSTENSIVOS

O termo *ostensivos* qualifica aqueles em quem a faculdade mediúnica se mostra bem explicitada, como assim afirma Kardec: "[...] Usualmente, porém, essa qualificação só se aplica àqueles em que a faculdade se mostra bem caracterizada e se traduz por efeitos patentes, de certa intensidade, o que depende de uma organização mais ou menos sensitiva".[34]

As expressões *médiuns ostensivos* ou *médiuns efeitos patentes* aplicam-se, mais comumente, aos psicofônicos (falantes), aos psicográficos e aos videntes. Há também os médiuns *audientes*, que podem ser, ou não, psicofônicos. Os audientes, a rigor, são médiuns "[...] que ouvem a voz dos Espíritos [...], trata-se de uma voz interior que se faz ouvir no foro íntimo da as pessoas. De outras vezes é uma voz exterior, clara e distinta, qual a de uma pessoa viva [encarnada]".[35] Contudo, nos dias atuais, o médium exclusivamente audientes são raros, revelando-se a faculdade mais usual nos médiuns psicofônicos ou falantes.

Nesse sentido, Allan Kardec informa:

> Os médiuns audientes, os que apenas transmitem o que ouvem, não são, a bem dizer, médiuns falantes. Estes últimos, na maior parte das vezes, nada ouvem. Neles o Espírito atua sobre os órgãos da palavra, como atua sobre a mão dos médiuns escreventes. Quando quer comunicar-se, o Espírito se serve dos órgãos mais flexíveis que encontra no médium. De um, utiliza a mão; de outro, a palavra; de um terceiro, os ouvidos. O médium falante geralmente se exprime sem ter consciência do que diz e muitas vezes diz coisas completamente estranhas às suas ideias habituais, aos seus conhecimentos e, até mesmo, fora do

alcance de sua inteligência. Embora se ache perfeitamente acordado e em estado normal, raramente se lembra do que disse. Em suma, nele a palavra é um instrumento de que se serve o Espírito, com o qual uma terceira pessoa pode comunicar-se, como o faz com o auxílio de um médium audiente.

Nem sempre, porém, a passividade do médium falante é tão completa assim. Alguns têm intuição do que dizem, no momento exato em que pronunciam as palavras. Voltaremos a falar desta variedade de médiuns quando tratarmos dos médiuns intuitivos.[36]

Quanto aos médiuns videntes são aqueles dotados da faculdade de ver os Espíritos. Em *O livro dos médiuns* Kardec nos explana sobre esse tipo de mediunidade:

> Os médiuns videntes são dotados da faculdade de ver os Espíritos. Alguns gozam dessa faculdade em estado normal, quando perfeitamente acordados, e conservam a lembrança precisa do que viram. Outros só a possuem em estado sonambúlico ou próximo do sonambulismo. É raro que esta faculdade seja permanente; resulta, quase sempre, de uma crise passageira. Podemos incluir, na categoria dos médiuns videntes, todas as pessoas dotadas de dupla vista. A possibilidade de ver os Espíritos quando sonhamos não deixa de ser uma espécie de mediunidade, mas não constitui, propriamente falando, a mediunidade de vidência. [...].
>
> O médium vidente julga ver com os olhos, como os que são dotados de dupla vista, mas, na realidade, é a alma quem vê, razão pela qual eles tanto veem com os olhos fechados como com os olhos abertos. Consequentemente, um cego pode ver os Espíritos, da mesma forma que outro que tem visão normal. [...].[37]

1.2.3 EQUIPE DE APOIO OU DE SUSTENTAÇÃO

Esta equipe é geralmente formada por trabalhadores do grupo mediúnico que não possuem mediunidade ostensiva. São doadores de fluidos e energias necessárias à assistência prestada aos Espíritos sofredores, à instalação de equipamentos do Mundo Espiritual, assim como a manutenção da corrente mental e fluídica. Durante o transcorrer da reunião, mantêm-se silenciosos, discretos, em postura de emissão de bons pensamentos e sentimentos, Quando há necessidade de deslocamento no recinto, o faz sem ruídos ou movimentações. Aplicam passe em situações específicas, sempre que solicitados.

O benfeitor Philomeno de Miranda, expressa-se a respeito dessa equipe, no que diz respeito ao médium de passe, ao citar a ação do Espírito Dr. Ignácio Ferreira que, na última reencarnação fora um psiquiatra espírita:

> A um sinal discreto, o orientador sugeriu a um dos médiuns passistas aplicar recursos da bioenergia na confreira em transe, a fim de alcançar o Espírito em aflição, enquanto Dr. Ignácio solicitou-nos mentalmente proceder de igual maneira, aplicando-lhe energias calmantes e entorpecedoras que, a pouco e pouco, levaram o Espírito ao sono tranquilo...[38]

A doação de energias vitais por parte desses obreiros da reunião mediúnica se revela especial quando dirigidas a Espíritos comunicantes portadores sofrimentos e lesões perispirituais, como relata o orientador espiritual:

> Quando se trata de ocorrências especiais – comunicações de suicidas, de homicidas, de obsessores, de criminosos cruéis – são esses Espíritos conduzidos horas antes, às vezes, com mais de um dia, a fim de serem criados condicionamentos psíquicos que propiciem a diminuição das suas cargas de energia deletéria, de forma que, durante a psicofonia, o médium seja poupado de desgaste excessivo e o visitante seja automaticamente beneficiado, tendo diluídas as construções mentais perturbadoras, assimilando as informações que lhe serão oferecidas. Ao mesmo tempo, o conjunto vibratório opera no necessitado de orientação benefícios imediatos, que o libertam das fixações dos lugares de onde procede, despertando-lhe a consciência para o êxito da incorporação saudável.
>
> Concomitantemente, as operações que aplicam a bioenergia e saturam-lhe o perispírito com outras moléculas de força, constituem uma terapia significativa e imediata, que o ajudará a recompor-se interiormente, ao tempo em que passa a considerar como de urgência o impositivo da autoiluminação.[39]

REFERÊNCIAS

1 KARDEC, Allan. *O livro dos médiuns*. Trad. Evandro Noleto Bezerra. 2. ed. 6. imp. Brasília, DF: FEB, 2020. 2ª pt., cap. 29, it. 324.

2 FRANCO, Divaldo Pereira. *Transição planetária*. Pelo Espírito Manoel Philomeno de Miranda. 5. ed. Salvador, BA: LEAL, 2010. cap. 16, p. 178.

3   FRANCO, Divaldo Pereira. *Reencontro com a vida*. 1 Pelo Espírito Manoel Philomeno de Miranda. Salvador, BA: LEAL, 2015. cap. 26, p. 212 e 213.

4   FRANCO, Divaldo Pereira. *Mediunidade*: desafios e bênçãos. Pelo Espírito Manoel Philomeno de Miranda. 1. ed. 5. imp. Salvador, BA: LEAL, 2019. cap. 9, p. 81 e 82.

5   FRANCO, Divaldo Pereira. *Mediunidade*: desafios e bênçãos. Pelo Espírito Manoel Philomeno de Miranda. 1. ed. 5. imp. Salvador, BA: LEAL, 2019. cap. 9, p. 77.

6   FRANCO, Divaldo Pereira. *Transtornos psiquiátricos e obsessivos*. Pelo Espírito Manoel Philomeno de Miranda. 2. ed. 4. imp. Salvador, BA: LEAL, 2019. cap. 11, p. 189.

7   FRANCO, Divaldo Pereira. *Mediunidade*: desafios e bênçãos. Pelo Espírito Manoel Philomeno de Miranda. 1. ed. 5. imp. Salvador, BA: LEAL, 2019. cap. 11, p. 96.

8   FRANCO, Divaldo Pereira. *Transição planetária*. Pelo Espírito Manoel Philomeno de Miranda. 5. ed. Salvador, BA: LEAL, 2010. cap. 16, p. 176.

9   FRANCO, Divaldo Pereira. *Sexo e obsessão*. Pelo Espírito Manoel Philomeno de Miranda. 8. ed. 3 imp. Salvador, BA: LEAL, 2019. cap. 6, p. 71.

10 FRANCO, Divaldo Pereira. *Sexo e obsessão*. Pelo Espírito Manoel Philomeno de Miranda. 8. ed. 3. imp. Salvador, BA: LEAL, 2019. cap. 20, p. 260.

11 FRANCO, Divaldo Pereira. *Entre os dois mundos*. Pelo Espírito Manoel Philomeno de Miranda. 6. ed. 2. imp. Salvador, BA: LEAL, 2019. cap. 13, p. 132 e 133.

12 KARDEC, Allan. *O livro dos médiuns*. Trad. Evandro Noleto Bezerra. 2. ed. 6. imp. Brasília, DF: FEB, 2020. 2ª pt., cap. 29, it. 333.

13 FRANCO, Divaldo Pereira. *Nas fronteiras da loucura*. Pelo Espírito Manoel Philomeno de Miranda. 16. ed. 3. imp. Salvador, BA: LEAL, 2019. cap. 16, p. 158.

14 FRANCO, Divaldo Pereira. *Nas fronteiras da loucura*. Pelo Espírito Manoel Philomeno de Miranda. 16. ed. 3. imp. Salvador, BA: LEAL, 2019. cap. 22, p. 200.

15 FRANCO, Divaldo Pereira.*Transtornos psiquiátricos e obsessivos*. Pelo Espírito Manoel Philomeno de Miranda. 2. ed. 4. imp. Salvador, BA: LEAL, 2019. cap. 10, p. 165 e 166.

16 FRANCO, Divaldo Pereira. *Transtornos psiquiátricos e obsessivos*. Pelo Espírito Manoel Philomeno de Miranda. 2. ed. 4. imp. Salvador, BA: LEAL, 2019. cap. 16, p. 264 e 265.

17 FRANCO, Divaldo Pereira. *Transtornos psiquiátricos e obsessivos*. Pelo Espírito Manoel Philomeno de Miranda. 2. ed. 4. imp. Salvador, BA: LEAL, 2019. cap. 16, p. 265.

18 FRANCO, Divaldo Pereira. *Tramas do destino*. Pelo Espírito Manoel Philomeno de Miranda. 12. ed. 3. imp. Brasília, DF: FEB, 2020. cap. 21 – *O Centro Espírita Francisco Xavier*.

19 FRANCO, Divaldo Pereira. *Tramas do destino*. Pelo Espírito Manoel Philomeno de Miranda. 12. ed. 3. imp. Brasília, DF: FEB, 2020. cap. 21 – *O Centro Espírita Francisco Xavier*.

20 FRANCO, Divaldo Pereira. *Tramas do destino*. Pelo Espírito Manoel Philomeno de Miranda. 12. ed. 3. imp. Brasília, DF: FEB, 2020. cap. 21 – *O Centro Espírita Francisco Xavier*.

21 KARDEC, Allan. *O livro dos médiuns*. Trad. Evandro Noleto Bezerra. 2. ed. 6. imp. Brasília, DF: FEB, 2020. 2ª pt., cap. 23, it. 245.

22 KARDEC, Allan. *O livro dos médiuns*. Trad. Evandro Noleto Bezerra. 2. ed. 6. imp. Brasília, DF: FEB, 2020. 2ª pt., cap. 23, it. 246.

23 FRANCO, Divaldo Pereira. *Nas fronteiras da loucura*. Pelo Espírito Manoel Philomeno de Miranda. 16. ed. 3. imp. Salvador, BA: LEAL, 2019. cap. 18, p. 167.

24 FRANCO, Divaldo Pereira. *Nas fronteiras da loucura*. Pelo Espírito Manoel Philomeno de Miranda. 16. ed. 3. imp. Salvador, BA: LEAL, 2019. cap. 18, p. 168.

25 FRANCO, Divaldo Pereira. *Mediunidade*: desafios e bênçãos. Pelo Espírito Manoel Philomeno de Miranda. 1. ed. 5. imp. Salvador, BA: LEAL, 2019. cap. 7, p. 67.

26 FRANCO, Divaldo Pereira. *Sexo e obsessão*. Pelo Espírito Manoel Philomeno de Miranda. 8. ed. 3. imp. Salvador, BA: LEAL, 2019. cap. 6, p. 79 e 80.

27 FRANCO, Divaldo Pereira. *Sexo e obsessão*. Pelo Espírito Manoel Philomeno de Miranda. 8. ed. 3. imp. Salvador, BA: LEAL, 2019. cap. 9, p. 77.

28 KARDEC, Allan. *O livro dos médiuns*. Trad. Evandro Noleto Bezerra. 2. ed. 6. imp. Brasília, DF: FEB, 2020. 2ª pt., cap. 20, it. 230.

29 FRANCO, Divaldo Pereira. *Reencontro com a vida*. Pelo Espírito Manoel Philomeno de Miranda. Salvador, BA: LEAL, 2015. 1ª pt., cap. 18, p. 141.
30 FRANCO, Divaldo Pereira. *Reencontro com a vida*. Pelo Espírito Manoel Philomeno de Miranda. Salvador, BA: LEAL, 2015. 1ª pt., cap. 18, p. 143 e 144.
31 FRANCO, Divaldo Pereira. *Reencontro com a vida*. Pelo Espírito Manoel Philomeno de Miranda. Salvador, BA: LEAL, 2015. 1ª pt., cap. 18, p. 144.
32 KARDEC, Allan. *O livro dos médiuns*. Trad. Evandro Noleto Bezerra. 2. ed. 6. imp. Brasília, DF: FEB, 2020. 2ª pt., cap. 23, it. 254, perg. 5.
33 FRANCO, Divaldo Pereira. *Reencontro com a vida*. Pelo Espírito Manoel Philomeno de Miranda. Salvador, BA: LEAL, 2015. 1ª pt., cap. 18, p. 144 e 145.
34 KARDEC, Allan. *O livro dos médiuns*. Trad. Evandro Noleto Bezerra. 2. ed. 6. imp. Brasília, DF: FEB, 2020. 2ª pt., cap. 14, it. 159.
35 KARDEC, Allan. *O livro dos médiuns*. Trad. Evandro Noleto Bezerra. 2. ed. 6. imp. Brasília, DF: FEB, 2020. 2ª pt., cap. 14, it. 165.
36 KARDEC, Allan. *O livro dos médiuns*. Trad. Evandro Noleto Bezerra. 2. ed. 6. imp. Brasília, DF: FEB, 2020. 2ª pt., cap. 14, it. 166.
37 KARDEC, Allan. *O livro dos médiuns*. Trad. Evandro Noleto Bezerra. 2. ed. 6. imp. Brasília, DF: FEB, 2020. 2ª pt., cap. 14, it. 167.
38 FRANCO, Divaldo Pereira. *Transtornos psiquiátricos e obsessivos*. Pelo Espírito Manoel Philomeno de Miranda. 2. ed. 4. imp. Salvador, BA: LEAL, 2019. cap. 11, p. 199.
39 FRANCO, Divaldo Pereira. *Reencontro com a vida*. Pelo Espírito Manoel Philomeno de Miranda. Salvador, BA: LEAL, 2015. 1ª pt., cap. 18, p. 142 e 143.

CAPÍTULO 2

NATUREZA DAS MANIFESTAÇÕES MEDIÚNICAS

A partir da observação cuidadosa das manifestações objetivas pode-se concluir que existe uma inteligência extrafísica que os provocava e dirigia. A alma de um ser falecido prova sua identidade e fala de um mundo novo que se abriu aos olhos da Humanidade. Aparece o Mundo Espiritual, habitado pelos seres invisíveis, que pelo fenômeno da morte já tinham abandonado o veículo físico e continuam vivos.

Foi notório ver que os Espíritos não somente se manifestavam, mas também procuravam instituir um diálogo esclarecedor, e assim fazer uma verdadeira comunicação. Começa a comunicabilidade entre os dois mundos, o físico e o espiritual, e podiam responder a perguntas, esclarecer pontos ignorados, explicados com seriedade a respeito de pontos controvertidos, e que constituíam verdadeiras revelações.

O querido Codificador Allan Kardec nos ensina que as comunicações mediúnicas, dependem a partir de seu conteúdo e do grau de adiantamento do Espírito comunicante. Isso foi esclarecido de acordo com sua explicação da posição na "Escala espírita", em *O livro dos espíritos*, assunto apresentado nas questões 100 e seguintes.[1]

O Espírito Manoel Philomeno de Miranda, apreciando as comunicações mediúnicas, corrobora com o codificador:

> O problema, portanto, da identificação dos Espíritos, é mais de aparência do que de realidade, desde que, qualquer pessoa que ama, não terá dificuldade em descobrir o seu afeto de retorno em mil pequenos ou grandes informes que os tipificam, sem a necessidade mórbida de exigir-lhes minudências e sinais de que eles mesmos se desejam libertar, a fim de avançarem no rumo de outros valores, ricos de paz e alento, que lhes acenam felicidade e união, quando aqueles da retaguarda física,

também amados, romperem as algemas da retentiva e seguirem ao seu encontro, num mundo que já preparam, para que lhes seja melhor do que este de provas e expiações de onde procedemos.[2]

Allan Kardec, homem dotado de precioso bom senso, concluiu, logo de início, que nem todos os Espíritos se apresentam aptos a responder a todas as questões, e que, desse modo, só é possível falar do que sabe. Conclui que Espíritos levianos se aproveitam da certeza e da fé de alguns, impondo algumas orientações e aprendizados sem raciocínio lógico.

> Um dos primeiros resultados que colhi das minhas observações, foi que os Espíritos, nada mais sendo do que as almas dos homens, não possuíam nem a plena sabedoria, nem a ciência integral. Que o saber de que dispunham se circunscrevia ao grau que haviam alcançado, de adiantamento, e que a opinião deles só tinha o valor de uma opinião pessoal. Reconhecida desde o princípio, esta verdade me preservou do grave escolho de crer na infalibilidade dos Espíritos e me impediu de formular teorias prematuras, tendo por base o que fora dito por um ou alguns deles.[3]

Pode-se concluir que há uma verdadeira hierarquia entre os Espíritos, de acordo com o desenvolvimento intelectual e moral adquirido na Terra, e que a comunicação reflete o grau de adiantamento do Espírito.[4]

No livro *Reencontro com a vida*, Dr. Miranda, no capítulo das *Sessões espíritas mediúnicas*, enfatiza que o psiquismo do médium pode identificar os sentimentos e a personalidade do comunicante:

> Tornando-se dúcteis à inspiração inicial do desencarnado e deixando-se conectar psiquicamente, o intermediário assimila a personalidade, o pensamento e os sentimentos daquele que dele necessita, desse modo, auxiliando-o para a desincumbência da tarefa. Não raro, a programação espiritual estabelece como transcorrerão as comunicações, quais as providências tomadas para evitar transtornos e perturbações, no entanto, especialistas em contribuição magnética encontram-se a postos para interferir caso haja distúrbios ou agressividade desnecessária daqueles que se comprazem no mal e se elegem como vingadores e contumazes inimigos do progresso, da paz.[5]
>
> [...] A sessão mediúnica séria e responsável é laboratório espírita para atividades psicoterapêuticas aos transeuntes de ambos os planos da vida, contribuindo eficazmente para o equilíbrio e a saúde total dos Espíritos.[6]

Segundo suas características, as comunicações podem ser divididas em: *grosseiras, frívolas, sérias e instrutivas*.[7]

2.1 COMUNICAÇÕES GROSSEIRAS

As comunicações grosseiras normalmente são identificadas por expressões que chocam a dignidade e procedem de Espíritos inferiores, muito impuros. Kardec ensina com eloquência:

> Comunicações grosseiras são as que se traduzem por expressões que ferem o decoro. Só podem provir de Espíritos de baixa condição, ainda cobertos de todas as impurezas da matéria, e em nada diferem das comunicações dadas por homens viciosos e grosseiros. Repugnam a quem quer que tenha um mínimo de delicadeza de sentimentos. De acordo com o caráter dos Espíritos que as transmitem, serão triviais, ignóbeis, obscenas, insolentes, arrogantes, malévolas e mesmo ímpias.[8]

2.2 COMUNICAÇÕES FRÍVOLAS

As comunicações frívolas emanam de Espíritos levianos, zombeteiros e travessos, mais maliciosos que maus, e que não ligam nenhuma importância ao que dizem. Allan Kardec elucida, ensinando:

> As comunicações frívolas emanam de Espíritos levianos, zombeteiros ou brincalhões, mais maliciosos do que maus, e que não ligam a menor importância ao que dizem. Como nada contêm de indecoroso, essas comunicações agradam a certas pessoas, que com elas se divertem, porque encontram prazer nas conversações fúteis, em que muito se fala e nada se diz. Tais Espíritos saem-se às vezes com tiradas espirituosas e mordazes e, por entre facécias vulgares, não raro dizem duras verdades, que quase sempre ferem com justeza. Esses Espíritos levianos pululam ao nosso redor e se aproveitam de todas as ocasiões para se intrometerem nas comunicações. Como a verdade é o que menos os preocupa, sentem malicioso prazer em mistificar os que têm a fraqueza e mesmo a presunção de acreditar nas suas palavras. As criaturas que se comprazem nesse gênero de comunicações naturalmente dão acesso aos Espíritos levianos e mistificadores. Os Espíritos sérios se afastam delas, do mesmo modo que, em nossa sociedade, os homens sérios se afastam das pessoas inconvenientes.[9]

Atendendo a muitos Espíritos em uma reunião, o amável Dr. Miranda aponta o controle desses Espíritos calcetas que querem perturbar o bom andamento do trabalho:

Algumas Entidades calcetas, mais rebeldes, que insistiam em perturbar o trabalho tomando os preciosos minutos, eram hipnotizadas pelos diligentes trabalhadores do plano físico, no que se tornavam auxiliados com segurança por hábeis técnicos da nossa esfera de ação, ali operando. Notei que as induções hipnóticas do doutrinador, porque carregadas de energias emanadas do cérebro físico, faziam-se portadoras de mais alto teor vibratório que atingia os Espíritos, por sua vez recebendo a onda mental através da cerebração do intermediário. De imediato, cediam ao sono reparador, sendo transferidos para os leitos que lhes estavam reservados, como primeiro passo para providências mais expressivas depois.[10]

2.3 COMUNICAÇÕES SÉRIAS

As comunicações sérias são graves quanto ao assunto e à maneira por que são feitas. A linguagem dos Espíritos Superiores é sempre digna e isenta de qualquer trivialidade. Toda comunicação que exclui a frivolidade e a grosseria, e que tenha um fim útil, mesmo de interesse particular, é, por isso mesmo, séria.

Em *O livro dos médiuns*, Kardec expõe:

> As comunicações sérias são dignas de atenção quanto ao assunto e elevadas quanto à forma. Toda comunicação que exclui frivolidade e grosseria e que tem em vista um fim útil, mesmo que seja de caráter particular, é uma comunicação séria, o que não significa que esteja sempre isenta de erros. Nem todos os Espíritos sérios são igualmente esclarecidos; há muitas coisas que eles ignoram e sobre as quais podem enganar-se de boa-fé. É por isso que os Espíritos verdadeiramente superiores nos recomendam sem cessar que submetamos todas as comunicações ao controle da razão e da mais rigorosa lógica.[11]

E, continua o Codificador:

> Com relação às comunicações sérias, precisamos distinguir as verdadeiras das falsas, o que nem sempre é fácil, porquanto é graças à própria gravidade da linguagem que certos Espíritos presunçosos ou pseudossábios, procuram impor as mais falsas ideias e os mais absurdos sistemas. E, para se fazerem mais acreditados e importantes, não têm escrúpulo de se adornarem com os mais respeitáveis nomes e até com os mais venerados. Esta é uma das maiores dificuldades da ciência prática; dela trataremos mais adiante, com todos os desenvolvimentos que a sua importância reclama, ao mesmo tempo que daremos a conhecer os meios de prevenção contra o perigo das falsas comunicações.[11]

Na obra *Amanhecer de uma nova era*, o eminente Espírito Manoel P. Miranda, descreve a atuação do amado Dr. Bezerra, atendendo e instruindo à coletividade espírita, em atendimento de diálogo com um Espírito pertinaz, muito trevoso, nesse lindo e importante diálogo:

> Ouvíamos toda a provocação, e o benfeitor permanecia em paz, concentrado, sem demonstrar qualquer reação.
>
> – *A sua coragem e a dos seus asseclas* – enunciava o desafiante – *somente se manifesta mediante a traição, a usança dos métodos bárbaros e infames da Santa Inquisição.*
>
> Gargalhadas ofensivas estrugiam no ar e choviam apodos de toda parte. Irradiando vibrações de compaixão que se distendiam além da sala na direção do ofensor, Dr. Bezerra mantinha-se aparentemente impassível ao desafio. Nesses comenos, a voz estentórea anunciou:
>
> – *Se o cordeiro não enfrenta o desafio, o lobo entra para devorar o rebanho...*[12]

O eminente Dr. Miranda, explica o entrosamento de médiuns esclarecidos, ajudando na comunicação com Espírito muito necessitado:

> A irmã Cenira, portadora de alta sensibilidade mediúnica, foi incorporada por perverso agressor, que era o responsável pelas dificuldades que se multiplicavam. Ele fora trazido, sem dar-se conta, pela nossa equipe e, quando percebeu que se encontrava em comunicação mediúnica, esbravejou com aspereza, apresentou ameaças, reagiu intempestivamente.[13]

Em diálogo de enfrentamento com as trevas, fica patente como o Espírito Superior pode ajudar e conquistar um inimigo do Cristo:

> Aproximando-se do furioso invasor, Dr. Bezerra de Menezes convidou-o a um diálogo fraternal, aureolado de suave claridade espiritual que o envolvia na condição de verdadeiro apóstolo de Jesus que o é.
>
> – *Como dialogar com o inimigo? Aqui venho para combater, não para parlamentar. O meu desejo é o da extinção dos infames destruidores da fé judaica, arvorados em possuidores da verdade, tendo como Messias um vagabundo que, ameaçando a hegemonia do Império Romano e a doutrina de Moisés, foi, com justiça, crucificado como bandido que o era.*
>
> [...] Notamos que o atordoado visitante apresentava expressivas deformações perispirituais, e os seus olhos avermelhados despendiam raios mortíferos, portadores de energia vigorosa, típica do mal, característica das alegorias demoníacas. À medida que falava, irradiava ondas escuras

que se diluíam em contato com os fluídos luminosos que ora repletavam o salão, e que continuavam descendo.[14]

2.4 COMUNICAÇÕES INSTRUTIVAS

Allan Kardec esclarece:

> Dando a essas comunicações a qualificação de instrutivas, partimos da suposição de que elas sejam verdadeiras, pois o que não for verdadeiro não pode ser instrutivo, ainda que dito na mais imponente linguagem. Consequentemente, não poderíamos incluir nessa categoria certos ensinos que de sério só têm a forma, muitas vezes empolada e enfática, por meio da qual os Espíritos, mais presunçosos do que sábios, pretendem iludir os que os recebem. [...].[15]

Podem ser mais ou menos profundas e mais ou menos verdadeiras, de acordo com o grau de elevação e de espiritualização do Espírito. Os Espíritos sérios se ligam àqueles que desejam se instruir e os ajudam, assessoram.

Kardec argumenta sobre essas reuniões:

> As *comunicações instrutivas* são comunicações sérias que têm como principal objetivo um ensinamento qualquer, dado pelos Espíritos, sobre as ciências, a moral, a filosofia etc. São mais ou menos profundas, conforme o grau de elevação e de *desmaterialização* do Espírito. Para se retirarem frutos reais dessas comunicações é preciso que elas sejam regulares e seguidas com perseverança. Os Espíritos sérios se apegam aos que desejam instruir-se e os ajudam em seus esforços, deixando aos Espíritos levianos a tarefa de divertirem os que só veem nas comunicações uma forma de distração passageira. É somente pela regularidade e frequência daquelas comunicações que se pode apreciar o valor moral e intelectual dos Espíritos com os quais nos comunicamos. Ora, se é preciso experiência para julgar os homens, de muito mais habilidade necessitamos para julgar os homens.[16]

A natureza das comunicações ou manifestações mediúnicas estão relacionadas não apenas ao aspecto cognitivo, propriamente dito, em que o conhecimento que o Espírito possui é, naturalmente, transmitido. Percebemos que toda manifestação mediúnica traz, em si mesma, não apenas as ideias do Espírito que se comunica, mas, também, as suas próprias emoções. O médium, por sua vez, atua como canal decodificador que necessita agir como um bom intérprete, administrando as próprias concepções relacionadas ao assunto, assim como as próprias emoções, a fim de que a mensagem apresente, efetivamente, o pensar e o querer do Espírito que se comunica.

Nesse sentido, Manoel Philomeno de Miranda traça algumas considerações relacionadas ao teor da emoção na expressividade do pensamento, independentemente da elevação moral do Espírito que se manifesta. São considerações muito úteis à nossa reflexão:

> As emoções constituem capítulo da vida humana, que prossegue merecendo acuradas reflexões, de modo a canalizá-las com a segurança e eficiência indispensáveis aos resultados salutares para os quais se encontram na organização fisiopsíquica de cada criatura.[17]
>
> As emoções alimentam-se naqueles que as agasalham e se lhes adaptam aos impositivos caprichosos.
>
> [...]
>
> Assim também as emoções, que têm finalidade superior, no campo da vida; quando não se submetem a disciplina, exigem carga dupla da energia na qual se sustentam, culminando por destruir a sua fonte geradora.[18]

O benfeitor amigo, Philomeno de Miranda, faz um breve fechamento do assunto, assim se expressando a respeito do pensamento que representa a base de toda comunicação, mediúnica ou não:

> O pensamento, porém, é o agente que as pode conduzir com a proficiência desejada, orientando-as com equilíbrio, a fim de que o rendimento seja positivo, capitalizando valores que merecem armazenados no processo iluminativo para a execução das tarefas nobres.
>
> [...]
>
> Porque o pensamento atua no fluido que a tudo envolve, pelo seu teor vibratório produz natural sintonia com as diversas faixas nas quais se movimentam os Espíritos, na esfera física ou na Erraticidade, estabelecendo vínculos que se estreitam em razão da intensidade mantida.
>
> Essa energia fluídica, recebendo a vibração mental, assimila o seu conteúdo emocional e transforma-se, de acordo com as moléculas absorvidas, criando uma psicosfera sadia ou enfermiça em volta daquele que a emite e passa a aspirá-la, experimentando o seu efeito conforme a qualidade de que se constitui.[19]

REFERÊNCIAS

1 KARDEC, Allan. *O livro dos espíritos*. Trad. Evandro Noleto Bezerra. 4. ed. 9. imp. Brasília, DF: FEB, 2020. q. 100.
2 FRANCO, Divaldo Pereira. *Temas da vida e da morte*. Pelo Espírito Manoel Philomeno de Miranda. 7. ed. 3. imp. Brasília, DF: FEB, 2018. cap. *Identificação dos Espíritos*.
3 KARDEC, Allan. *Obras póstumas*. Trad. Evandro Noleto Bezerra. 2. ed. 4. imp. Brasília, DF: FEB, 2019. 2ª pt., it. A minha iniciação no Espiritismo
4 KARDEC, Allan. *O livro dos médiuns*. Trad. Evandro Noleto Bezerra. 2. ed. 6. imp. Brasília, DF: FEB, 2020. 2ª pt., cap. 10.
5 FRANCO, Divaldo Pereira. *Reencontro com a vida*. Pelo Espírito Manoel Philomeno de Miranda. Salvador, BA: LEAL, 2015. cap. 181, p. 143.
6 FRANCO, Divaldo Pereira. *Reencontro com a vida*. Pelo Espírito Manoel Philomeno de Miranda. Salvador, BA: LEAL, 2015. cap. 181, p. 144.
7 KARDEC, Allan. *O livro dos médiuns*. Trad. Evandro Noleto Bezerra. 2. ed. 6. imp. Brasília, DF: FEB, 2020. 2ª pt., cap. 10, it. 133.
8 KARDEC, Allan. *O livro dos médiuns*. Trad. Evandro Noleto Bezerra. 2. ed. 6. imp. Brasília, DF: FEB, 2020. 2ª pt., cap. 10, it. 134.
9 KARDEC, Allan. *O livro dos médiuns*. Trad. Evandro Noleto Bezerra. 2. ed. 6. imp. Brasília, DF: FEB, 2020. 2ª pt., cap. 10, it. 135.
10 FRANCO, Divaldo Pereira. *Tormentos da obsessão*. Pelo Espírito Manoel Philomeno de Miranda. 10. ed. 3. imp. Salvador, BA: LEAL, 2015. cap. 18, p. 167.
11 KARDEC, Allan. *O livro dos médiuns*. Trad. Evandro Noleto Bezerra. 2. ed. 6. imp. Brasília, DF: FEB, 2020. 2ª pt., cap. 10, it. 136.
12 FRANCO, Divaldo Pereira. *Amanhecer de uma nova era*. Pelo Espírito Manoel Philomeno de Miranda. 2. ed. 4. imp. Salvador, BA: LEAL, 2017. cap. 9, p. 104.
13 FRANCO, Divaldo Pereira. *Tormentos da obsessão*. Pelo Espírito Manoel Philomeno de Miranda. 1. ed. 3. imp. Salvador, BA: LEAL, 2017. cap. 8, p. 118.
15 KARDEC, Allan. *O livro dos médiuns*. Trad. Evandro Noleto Bezerra. 2. ed. 6. imp. Brasília, DF: FEB, 2020. 2ª pt., cap. 10, it. 137.
16 KARDEC, Allan. *O livro dos médiuns*. Trad. Evandro Noleto Bezerra. 2. ed. 6. imp. Brasília, DF: FEB, 2020. 2ª pt., cap. 10, it. 137.

17 FRANCO, Divaldo Pereira. *Temas da vida e da morte*. Pelo Espírito Manoel Philomeno de Miranda. 7. ed. 3. imp. Brasília, DF: FEB, 2018. cap. *Pensamento e emoções*.

18 FRANCO, Divaldo Pereira. *Temas da vida e da morte*. Pelo Espírito Manoel Philomeno de Miranda. 7. ed. 3. imp. Brasília, DF: FEB, 2018. cap. *Pensamento e emoções*.

19 FRANCO, Divaldo Pereira. *Temas da vida e da morte*. Pelo Espírito Manoel Philomeno de Miranda. 7. ed. 3. imp. Brasília, DF: FEB, 2018. cap. *Pensamento e emoções*.

CAPÍTULO 3

ETAPAS DA REUNIÃO MEDIÚNICA

A reunião mediúnica espírita deve ser, necessariamente, séria na legítima acepção da palavra, "[...] campo fértil para a ensementação da luz libertadora da ignorância e da perversidade. Zelar pela sua preservação é dever de todos aqueles que a constituem [...]".[1] Como orienta o benfeitor Manoel Philomeno de Miranda que acrescenta:

> As reuniões práticas do Espiritismo, na atualidade, têm caráter iluminativo em favor dos desencarnados que sofrem, sejam elas de educação da mediunidade para principiantes, sejam as de desobsessão com intermediários experientes e conhecedores dos princípios espíritas.
>
> Devem revestir-se, por isso mesmo, de simplicidade, sendo os seus membros trabalhadores sinceros e dedicados ao Bem, de modo que se conjuguem os valores morais aos espirituais, num todo harmonioso, do qual decorrerão os resultados opimos que se devem perseguir.[2]

São reuniões que não comportam improvisações, cujo plano organizacional foi previamente definido pela equipe espiritual que efetivamente a coordena. Mantêm uma sequência de ações ou etapas, encadeadas entre si, naturalmente administrada pelos obreiros encarnados sob a supervisão e orientação dos dirigentes desencarnados, podendo ser especificadas na seguinte ordem didática.

3.1   PREPARAÇÃO INICIAL

Caracteriza aos primeiros momentos da reunião, em que os membros das duas equipes, física e espiritual, estão a postos, reunidos a portas fechadas, em um ambiente sereno, de introspecção íntima, no horário previamente especificado. Os trabalhadores encarnados acham-se acomodados tranquila e silenciosamente no espaço em que lhes é reservado, buscando sintonia com os obreiros desencarnados, os quais, diligentes e atenciosos, supervisionam as tarefas e cuidam dos procedimentos necessários ao bom e saudável intercâmbio mediúnico.

> Resultado de dois aglomerados de servidores lúcidos – desencarnados e reencarnados –, tem como responsabilidade primordial manter a harmonia de propósitos e de princípios, a fim de que os labores que são programados sejam executados em perfeito equilíbrio. Para ser alcançada essa sincronia, ambos os segmentos comprometem-se a atender os compromissos específicos que devem ser executados.[3]

Recomenda-se até 30 minutos como limite-tempo para esse período preparatório, incluindo, quando for o caso, a fase de estudo. O comum, porém, é de até 15 minutos, os quais comportam: leitura de uma página espírita, prece de abertura e leitura de uma obra espírita de referência: *O evangelho segundo o espiritismo* ou *O livro dos espíritos* que pode, ou não, ser acompanhada de rápido comentário pertinente.

Nas reuniões de educação da faculdade mediúnica ou naquelas em que a maioria dos participantes são principiantes, pode-se fazer breve estudo de obra espírita, por 15 a 20 minutos, no máximo. Deve-se guardar o cuidado de manter a serenidade espiritual durante o estudo, evitando-se qualquer tipo de exaltação emocional.

Nunca é demais lembrar que os momentos de estudo e debates, ou de trocas de ideias mais intensas, devem ocorrer em outros dias e horários específicos, nas reuniões de estudo regular existentes no Centro Espírita. Faz-se necessário, pois, manter o foco no processo de intercâmbio e nas finalidades da sessão mediúnica. Philomeno de Miranda esclarece mais a respeito:

> Uma reunião mediúnica de qualquer natureza é sempre uma realização nobre em oficina de ação conjugada, na qual os seus membros se harmonizam e se interligam a benefício dos resultados que se perseguem, quais sejam, a facilidade para as comunicações espirituais, o socorro aos aflitos de ambos os planos da vida, a educação dos desorientados, as terapias especiais que são aplicadas, e, naquelas de desobsessão, em face da maior gravidade do cometimento, transforma-se em clínica de saúde mental especializada, na qual cirurgias delicadas são desenvolvidas nos perispíritos dos encarnados, assim como dos liberados do corpo, mediante processos mui cuidadosos, que exigem equipe eficiente no que diz respeito ao conjunto de cooperadores do mundo físico.[4]

3.2 MANIFESTAÇÃO DOS COMUNICANTES ESPIRITUAIS E ATENDIMENTO AOS ESPÍRITOS QUE SOFREM E QUE FAZEM SOFRER

Trata-se do momento de maior importância da reunião mediúnica, em que ambas as equipes, a física e a espiritual, devem se manter bem entrosada a fim de que o intercâmbio mediúnico ofereça bons resultados.

Manoel P. de Miranda nos transmite no livro *Grilhões partidos* esclarecidas considerações direcionadas para os participantes das reuniões de desobsessão, as quais, no entanto, podem, perfeitamente, serem estendidas ao trabalhador iniciante dos grupos mediúnicos.

a) **Harmonia de conjunto**, que se consegue pelo exercício da cordialidade entre os diversos membros que se conhecem e se ajudam na esfera do cotidiano;

b) **Elevação de propósitos**, sob cujo programa cada um se entrega, em regime de abnegação, às finalidades superiores da prática medianímica, do que decorrem os resultados de natureza espiritual, moral e física dos encarnados e dos desencarnados em socorro;

c) **Conhecimento doutrinário**, que capacita os médiuns e os doutrinadores, assistentes e participantes do grupo a uma perfeita identificação, mediante a qual se podem resolver os problemas e dificuldades que surgem, a cada instante, no exercício das tarefas desobsessivas;

d) **Concentração**, por meio de cujo comportamento se dilatam os registos dos instrumentos mediúnicos, facultando sintonia com os comunicantes, adredemente trazidos aos recintos próprios para a assistência espiritual;

e) **Conduta moral sadia**, em cujas bases estejam insculpidas as instruções evangélicas, de forma que as emanações psíquicas, sem miasmas infelizes, possam constituir plasma de sustentação daqueles que, em intercâmbio, necessitam dos valiosos recursos de vitalização para o êxito do tentame;[5]

f) **Equilíbrio interior dos médiuns e doutrinadores,** uma vez que somente aqueles que se encontram com a saúde equilibrada estão capacitados para o trabalho em equipe. Pessoas nervosas, versáteis, susceptíveis, bem se depreende, são carecentes de auxílio, não se encontrando habilitadas para mais altas realizações, quais as que exigem recolhimento, paciência, afetividade, clima de prece, em esfera de lucidez mental. Não raro, em pleno serviço de socorro aos desencarnados, soam alarmes solicitando atendimento aos membros da esfera física, que se desequilibram facilmente, deixando-se anestesiar pelos tóxicos do sono fisiológico ou pelas interferências da hipnose espiritual inferior, quando não derrapam pelos desvios mentais das conjecturas perniciosas a que se aclimataram e em que se comprazem.

Alegam muitos colaboradores que experimentam dificuldades quando se dispõem à concentração. No entanto, fixam-se com facilidade surpreendente nos pensamentos depressivos, lascivos, vulgares, graças a uma natural acomodação a que se condicionam, como hábito irreversível e predisposição favorável. Parece-nos que, em tais casos, a dificuldade em se concentrar refere-se às ideias superiores, aos pensamentos nobres, cujo tempo mental para estes reservado é constituído de pequenos períodos, em que não conseguem criar um clima de adaptação e continuidade, suficientes para a elaboração de um estado natural de elevação espiritual;[6]

g) **Confiança, disposição física e moral**, que são decorrentes da certeza de que os Espíritos, não obstante, invisíveis para alguns, se encontram presentes, atuantes, a eles se vinculando, mentalmente, em intercâmbio psíquico eficiente, de cujos diálogos conseguem haurir estímulos e encorajamento para o trabalho em execução. Outrossim, as disposições físicas, mediante uma máquina orgânica sem sobrepeso de repastos de digestão difícil, relativamente repousada, pois não é possível manter-se uma equipe de trabalho dessa natureza, utilizando-se companheiros desgastados, sobrecarregados, em agitação;

h) **Circunspeção**, que não expressa catadura, mas responsabilidade, conscientização de labor, embora a face desanuviada, descontraída, cordial;[7]

i) **Médiuns adestrados, atenciosos**, que não se facultem perturbar nem perturbem os demais membros do conjunto, o que significa adicionar, serem *disciplinados*, a fim de que a erupção de esgares, pancadas, gritarias não transforme o intercâmbio santificante em algaravia desconcertante e embaraçosa. Ter em mente que a psicofonia é sempre de ordem psíquica, mediante a concessão *consciente* do médium, através do seu perispírito, pelo qual o agente do Além-Túmulo consegue comunicar-se, o que oferece ao sensitivo possibilidade de frenar todo e qualquer abuso do *paciente* que o utiliza, especialmente quando este é portador de alucinações, desequilíbrios e descontroles de vária ordem, que devem, de logo, ser corrigidos ou pelo menos diminuídos, aplicando-se a terapêutica de reeducação;

j) **Lucidez de propósitos para os diálogos**, cujo campo mental harmonizado deve oferecer possibilidades de fácil comunicação com os instrutores desencarnados, a fim de cooperar eficazmente com o programa em pauta, evitando discussão infrutífera, controvérsia irrelevante, debate dispensável ou informação precipitada e maléfica ao atormentado que ignora o transe grave de que é vítima, em cujas teias dormita semi-hebetado, apesar da ferocidade que demonstre ou da agressividade de que se revista;[8]

k) **Pontualidade**, a fim de que todos os membros possam ler e comentar em esfera de conversação edificante, com que se desencharcam dos tóxicos físicos e psíquicos que carregam, em consequência das atividades normais; e procurarem todos, como leciona Allan Kardec, ser cada dia melhor do que no anterior, e de cujo esforço se credenciam a campo de sintonia elevada, com méritos para si próprios e para o trabalho no qual se empenham...[9]

A qualidade da prática mediúnica se revela, sobretudo no momento das manifestações dos Espíritos desencarnados, sobressaindo-se, nesse sentido, o bom desempenho dos médiuns de efeitos patentes (psicofônicos, psicógrafos e videntes) e dos médiuns intuitivos que se manifestam: a) pelo diálogo ou conversa fraterna em auxílio aos comunicantes sofredores; b) pela doação fluídica do passe, irradiações mentais e vibrações amorosas da prece; c) pelas captações mentais que lhes chegam no mundo íntimo.

Trata-se de uma etapa da reunião mediúnica na qual exige-se maior vigilância psíquica e emocional por parte dos integrantes da equipe, que devem saber absorver bons pensamentos e energias reinantes, e neutralizarem a ação de ideias e fluidos deletérios, pois inegavelmente, "[...] cada indivíduo respira no campo das próprias exteriorizações mentais e morais, eliminando e reabsorvendo as energias que lhe tipificam o nível de evolução espiritual".[10] Os trabalhadores do plano físico devem, portanto, manter atentos a qualquer influência inferior, mantendo o pensamento sintonizado com o orientadores espirituais.

> Envolto nas teias dos pensamentos servis, ser-lhe-á difícil estabelecer largas faixas vibratórias elevadas e sutis, que proporcionem a captação das ideias e dos sentimentos procedentes da Erraticidade superior, onde se movimentam os guias da Humanidade, encarregados do progresso e da felicidade das criaturas humanas. Pelo contrário, mergulhará nas camadas grosseiras defluentes das ondas comportamentais emitidas pelos Espíritos doentes e desorientados, entre os quais aqueles que se comprazem nas ações inquietantes e perversas de que padecem todos quantos se lhes associam pela identidade vibratória.[11]

A desarmonia, o descontrole emocional, o sono, e outras imprudências que podem acontecer durante a manifestação dos Espíritos são sinais indicativos de que a prática mediúnica séria exige não apenas conhecimento, boa vontade e esforço de melhoria moral na hora da reunião, mas em todos os momentos da vida, como assinala Manoel Philomeno de Miranda:

> O exercício mediúnico, por outro lado, não pode ficar adstrito aos breves espaços em que se realizam as reuniões semanais especializadas, porque, sendo orgânica a faculdade, se é médium em todos os dias e em todos

os momentos, durante o período em que permaneçam os recursos dessa natureza. Desse modo, torna-se imprescindível a manutenção das forças específicas, mediante a educação emocional, através dos propósitos acalentados, no esforço que lhe cabe empreender para a superação das más tendências, passando a merecer a proteção e a assistência dos mentores da Vida Maior, que contribuirão com segurança em favor de sua mais ampla maleabilidade psíquica, facultando-lhe o intercâmbio valioso.[12]

Nunca é demais enfatizar que a prática mediúnica espírita, a despeito de ser revestida de simplicidade, exige preparo e autocontrole permanentes: "Por isso, a disciplina mental favorecendo o controle das ideias e imagens elaboradas, a permuta de identificação espiritual ampliam as possibilidades de mais segura vinculação com as Fontes Superiores da Imortalidade".[13]

Os trabalhadores dedicados ao mister de diálogo com os manifestantes necessitados de auxílio, devem agir como se fossem psicoterapeutas, no quais o conhecimento está aliado ao espírito de fraternidade, compaixão e responsabilidade: "Aos psicoterapeutas dos desencarnados é impositivo fundamental o equilíbrio pessoal, a fim de que as suas palavras não sejam vãs e estejam cimentadas pelo exemplo de retidão e de trabalho a que se afervoram".[14]

> O seu verbo será mantido em clima coloquial e sereno, dialogando com ternura e compaixão, sem o verbalismo inútil ou a presunção salvacionista, como se fosse portador de uma elevação irretocável.
>
> Os sentimentos de amor e de misericórdia igualmente devem ser acompanhados pelos compromissos de disciplina, evitando diálogos demorados e insensatos feitos de debates inconsequentes, tendo em vista que a oportunidade é de socorro e não de exibicionismo intelectual.
>
> O objetivo da psicoterapia pela palavra e pelas emanações mentais e emocionais de bondade não é o de convencer o comunicante, mas o de despertá-lo para o estado em que se encontra, predispondo-o à renovação e ao equilíbrio, nele se iniciando o despertamento para a Vida espiritual.[15]

No passado era muito comum que essa etapa da reunião mediúnica fosse subdividida, reservando-se momentos específicos para: a) psicografia e psicografia de mensagens dos orientadores espirituais; b) manifestações psicofônicas dos Espíritos sofredores e, nos intervalos dessas, relatos das percepções pela vidência; c) mensagem final, pela fala ou escrita, de um Espírito orientador. Obviamente, esse tipo de sequência é muito útil nos grupos mediúnicos formados por principiantes na tarefa, e, naturalmente, fornecendo oportunidade ao médium ostensivo a educação da própria faculdade. Contudo, nada impede que um benfeitor queira transmitir mensagens pela psicografia, enquanto, ao mesmo tempo, um Espírito enfermo manifesta-se a outro médium, o psicofônico é atendido pelo dialogador.

Como a maior parte da reunião mediúnica está voltada para o atendimento aos Espíritos que sofrem e fazem sofrer, o médium psicofônico é atuante. É importante, porém, que os psicofônicos estejam atentos às orientações vindas dos dirigentes espirituais da reunião e controlem o número de comunicações, não só para favorecer a participação de outros médiuns, como para evitar sobrecargas ao organismo. Daí Philomeno de Miranda orientar:

> Desse modo, torna-se imprescindível a manutenção das forças específicas, mediante a educação emocional, através dos propósitos acalentados, no esforço que lhe cabe empreender para a superação das más tendências, passando a merecer a proteção e a assistência dos mentores da Vida Maior, que contribuirão com segurança em favor de sua mais ampla maleabilidade psíquica, facultando-lhe o intercâmbio valioso.[16]

Nas reuniões nomeadas de *desobsessão*, em razão da complexidade e gravidade de que se revestem, os integrantes do grupo devem revelar maior experiência no trato com os desencarnados, como, por exemplo, os suicidas, e, sobretudo, saber lidar com obsessores e certos perseguidores que existem no plano extrafísico. Nessa situação, cada manifestação deve merecer a atenção do grupo, como um todo que, em conjunto, envida esforços para auxiliar o manifestante desencarnado:

> Esse abençoado ministério impõe graves responsabilidades, que nunca impedem o médium de ser talvez enganado, mistificado ou fascinado, caso mantenha nas íntimas paisagens interesses escusos em relação à faculdade.[17]

A equipe de apoio fornece o suporte de elementos vibracionais e fluídicos favoráveis às manifestações dos Espíritos:

> À equipe de apoio se reservam as responsabilidades da concentração, da oração, da simpatia aos comunicantes, acompanhando os diálogos com interesse e vibrando em favor do enfermo espiritual, a fim de que possa assimilar os conteúdos saudáveis que lhe são oferecidos.[18]

Paralelamente à atuação das duas equipes, dos encarnados e dos desencarnados, os trabalhadores do Plano Espiritual tomam todas as providências necessárias ao êxito da tarefa, inclusive a instalação e uso de equipamentos em apoio à segurança e viabilidade da reunião mediúnica, como se expressa Manoel P. de Miranda:

> Aos Espíritos orientadores compete a organização do trabalho, desenhando as responsabilidades para os cooperadores reencarnados, ao mesmo tempo em que se encarregam de produzir a defesa do recinto, a seleção daqueles que se deverão comunicar, providenciando mecanismos de socorro para antes e depois dos atendimentos.
>
> [...]
>
> Equipamentos especializados são distribuídos no recinto para utilização oportuna, enquanto preservam o pensamento elevado ao Altíssimo...[19]

Atentos à ordem e aos benefícios que a reunião mediúnica propicia, os benfeitores espirituais, responsáveis no Plano Espiritual pela condução dos trabalhos, colocam-se à disposição da tarefa dedicado amor ao próximo:

> Encarregam-se de orientar aqueles que se comunicarão, auxiliando-os na sintonia da aparelhagem mediúnica, a fim de evitar-lhes choques e danos, tanto no que diz respeito às comunicações psicofônicas atormentadas quanto às psicográficas de conforto moral e de orientação.
>
> Cuidam de vigiar os comunicantes, poupando os componentes da reunião de agressões e de distúrbios defluentes da agitação dos enfermos mentais e morais, bem como das distonias emocionais dos perversos que também são conduzidos ao atendimento.
>
> Encarregam-se de orientar o critério das comunicações, estabelecendo de maneira prudente a sua ordem, para evitar tumulto durante o ministério de atendimento, assim como impedindo que o tempo seja malbaratado por inconsequência do padecente desencarnado.
>
> Nunca improvisam, porquanto todos os detalhes do labor são devidamente examinados antes, e quando algo ocorre que não estava previsto, existem alternativas providenciais que impedem o desequilíbrio no grupo.[20]

3.3 IRRADIAÇÃO MENTAL E PRECE FINAL

Após as manifestações dos Espíritos, previamente programadas pelos dirigentes do Plano Espiritual, a reunião encaminha para o seu encerramento. É comum, pouco antes do encerramento da reunião, um Espírito amigo transmitir uma mensagem final cujas vibrações amorosas envolvem todos os encarnados presentes, permitindo aos médiuns momentos para que se recomponham ao se libertarem do estado de transe em que se encontravam. Ao mesmo tempo, outras providências acontecem concomitante no plano extrafísico. Concluída a transmissão da mensagem do benfeitor, o dirigente da reunião mediúnica ou alguém nomeado por ele, faz-se pequena irradiação mental, seguida de breve prece final, a fim de que encarnados e desencarnados assimilem fluidos salutares e procedam às despedidas.

A irradiação e prece final devem sempre trazer o tom de agradecimento pela oportunidade da reunião e pelas as inúmeras bênçãos recebidas. O pensamento deve irradiar ideias amorosas de paz e de bem-estar, alcançando a todos, encarnados e desencarnados, da humanidade terrestre.

A prática mediúnica espírita é atividade nobre que auxilia, de forma singela, a melhoria espiritual das criaturas humanas. É prática que, à luz do Espiritismo, traz Jesus de volta ao nosso convívio como lembra o valoroso Espírito José Petitinga, citado por Manoel Philomeno de Miranda:

> Esse, sem dúvida, é o ministério do Espiritismo: trazer de volta Jesus Cristo aos corações sofridos da Terra; repetir as experiências memoráveis de quando Ele esteve entre nós; consolar os infelizes do Além-Túmulo, libertando-os da suprema ignorância das realidades espirituais; desatar os laços constritores que ligam desencarnados em perturbação a encarnados que se perturbam; cuidar dos obsessos e iluminar a consciência de obsidiados e obsessores; semear o amor em todas as modalidades, através das mãos da caridade, em todas as dimensões..., por ser o Espiritismo o *Consolador* prometido por Jesus.[21]

3.4 AVALIAÇÃO DA REUNIÃO MEDIÚNICA E DIVULGAÇAO DAS MENSAGENS MEDIÚNICAS

É importante breve avaliação da reunião realizada. Nesse momento, o dirigente da reunião ouve informações complementares relacionadas às percepções observadas e aos ensinamentos que os orientadores da Vida Maior transmitiram. Essa avaliação deve ser conduzida informal e impessoalmente, em clima de gentileza e fraternidade, despojada de críticas negativas, em que predominem o respeito e a solidariedade mútuos.

A divulgação das mensagens transmitidas no grupo mediúnico pertencem ao Centro Espírita e, antes de sua divulgação e/ou publicação a terceiros, deve merecer a necessária avaliação do conteúdo e a da aprovação da direção institucional.

A propósito, Allan Kardec já indagava com propriedade, na *Revista Espírita* de novembro de 1859: "Deve-se publicar tudo quanto dizem os Espíritos?". E, já no início do texto, responde à questão com outra pergunta: "Seria bom publicar tudo quanto dizem e pensam os homens?"[22] Discorre, em seguida, sobre o assunto e, com muita seriedade e lucidez, pondera:

> [...] Quem quer que possua uma noção do Espiritismo, por mais superficial que seja, sabe que o mundo invisível é composto de todos os que deixaram na Terra o envoltório visível. Entretanto, pelo fato de se haverem despojado do homem carnal, nem por isso os Espíritos se revestiram da túnica dos anjos. Encontramo-los de todos os graus de conhecimento e de ignorância, de moralidade e de imoralidade; eis o que não devemos perder de vista. Não esqueçamos que entre os Espíritos, assim como na Terra, há seres levianos, estouvados e zombeteiros; pseudossábios, vãos e orgulhosos, de um saber incompleto; hipócritas, malvados e, o que nos pareceria inexplicável, se de algum modo não conhecêssemos a fisiologia desse mundo, existem os sensuais, os ignóbeis e os devassos, que se arrastam na lama. Ao lado disto, tal como ocorre na Terra, temos seres bons, humanos, benevolentes, esclarecidos, de sublimes virtudes [...].
>
> Desde que esses seres têm um meio patente de comunicar-se com os homens, de exprimir os pensamentos por sinais inteligíveis, suas comunicações devem ser o reflexo de seus sentimentos, de suas qualidades ou de seus vícios. Serão levianas, triviais, grosseiras, mesmo obscenas, sábias, sensatas e sublimes, conforme seu caráter e sua elevação. Revelam-se por sua própria linguagem [...].[23]

Ao final da sua judiciosa análise, fornece-nos a orientação de como agir antes da fazer a divulgação das mensagens mediúnicas: "[...] daí a necessidade de não se aceitar cegamente tudo quanto vem do mundo oculto, e submetê-lo a um controle severo. Com as comunicações de certos Espíritos, do mesmo modo que com os discursos de certos homens, poderíamos fazer uma coletânea muito pouco edificante [...]".[24]

O trabalhador da mediunidade deve, em todas as circunstâncias, está atento a esta verdade, assinala Philomeno de Miranda: "A mediunidade bem exercida leva o trabalhador ao mediumato, que tem em Jesus, o Modelo, por haver sido, por excelência, o perfeito Médium de Deus, graças à sintonia ideal mantida com o Pai".[25]

REFERÊNCIAS

1 FRANCO, Divaldo Pereira. *Reencontro com a vida*. Pelo Espírito Manoel Philomeno de Miranda. Salvador, BA: LEAL, 2015. cap. 26, p. 215.

2 FRANCO, Divaldo Pereira. *Reencontro com a vida*. Pelo Espírito Manoel Philomeno de Miranda. Salvador, BA: LEAL, 2015. cap. 26, p. 212 e 213.

3 FRANCO, Divaldo Pereira. *Mediunidade*: desafios e bênçãos. Pelo Espírito Manoel Philomeno de Miranda. 1. ed. 5. imp. Salvador, BA: LEAL, 2019. cap. 9, p. 78.

4 FRANCO, Divaldo Pereira. *Sexo e obsessão*. Pelo Espírito Manoel Philomeno de Miranda. 8. ed. 3. imp. Salvador, BA: LEAL, 2019. cap. 6, p. 79 e 80.

5 FRANCO, Divaldo Pereira. *Grilhões partidos*. Pelo Espírito Manoel Philomeno de Miranda. 16. ed. 1. imp. Salvador, BA: LEAL, 2019. *Prolusão*, it. "a", "b", "c", "d", "e", p. 15.

6 FRANCO, Divaldo Pereira. *Grilhões partidos*. Pelo Espírito Manoel Philomeno de Miranda. 16. ed. 1. imp. Salvador, BA: LEAL, 2019. *Prolusão*, it. "f", p. 15 e 16.

7 FRANCO, Divaldo Pereira. *Grilhões partidos*. Pelo Espírito Manoel Philomeno de Miranda. 16. ed. 1. imp. Salvador, BA: LEAL, 2019. *Prolusão*, it. "g", "h", p. 16.

8 FRANCO, Divaldo Pereira. *Grilhões partidos*. Pelo Espírito Manoel Philomeno de Miranda. 16. ed. 1. imp. Salvador, BA: LEAL, 2019. *Prolusão*, it. "i", "j", p. 17.

9 FRANCO, Divaldo Pereira. *Grilhões partidos*. Pelo Espírito Manoel Philomeno de Miranda. 16. ed. 1. imp. Salvador, BA: LEAL, 2019. *Prolusão*, it. "k", p. 17 e 18.

10 FRANCO, Divaldo Pereira. *Mediunidade*: desafios e bênçãos. Pelo Espírito Manoel Philomeno de Miranda. 1. ed. 5. imp. Salvador, BA: LEAL, 2019. cap. 8, p. 71.
11 FRANCO, Divaldo Pereira. *Mediunidade*: desafios e bênçãos. Pelo Espírito Manoel Philomeno de Miranda. 1. ed. 5. imp. Salvador, BA: LEAL, 2019. cap. 8, p. 71 e 72.
12 FRANCO, Divaldo Pereira. *Mediunidade*: desafios e bênçãos. Pelo Espírito Manoel Philomeno de Miranda. 1. ed. 5. imp. Salvador, BA: LEAL, 2019. cap. 8, p. 72.
13 FRANCO, Divaldo Pereira. *Mediunidade*: desafios e bênçãos. Pelo Espírito Manoel Philomeno de Miranda. 1. ed. 5. imp. Salvador, BA: LEAL, 2019. cap. 8, p. 73.
14 FRANCO, Divaldo Pereira. *Mediunidade*: desafios e bênçãos. Pelo Espírito Manoel Philomeno de Miranda. 1. ed. 5. imp. Salvador, BA: LEAL, 2019. cap. 9, p. 80.
15 FRANCO, Divaldo Pereira. *Mediunidade*: desafios e bênçãos. Pelo Espírito Manoel Philomeno de Miranda. 1. ed. 5. imp. Salvador, BA: LEAL, 2019. cap. 9, p. 80 e 81.
16 FRANCO, Divaldo Pereira. *Mediunidade*: desafios e bênçãos. Pelo Espírito Manoel Philomeno de Miranda. 1. ed. 5. imp. Salvador, BA: LEAL, 2019. cap. 8, p. 72.
17 FRANCO, Divaldo Pereira. *Mediunidade*: desafios e bênçãos. Pelo Espírito Manoel Philomeno de Miranda. 1. ed. 5. imp. Salvador, BA: LEAL, 2019. cap. 12, p. 107.
18 FRANCO, Divaldo Pereira. *Mediunidade*: desafios e bênçãos. Pelo Espírito Manoel Philomeno de Miranda. 1. ed. 5. imp. Salvador, BA: LEAL, 2019. cap. 9, p. 81.
19 FRANCO, Divaldo Pereira. *Mediunidade*: desafios e bênçãos. Pelo Espírito Manoel Philomeno de Miranda. 1. ed. 5. imp. Salvador, BA: LEAL, 2019. cap. 9, p. 78 e 79.
20 FRANCO, Divaldo Pereira. *Mediunidade*: desafios e bênçãos. Pelo Espírito Manoel Philomeno de Miranda. 1. ed. 5. imp. Salvador, BA: LEAL, 2019. cap. 9, p. 78 e 79.

21 FRANCO, Divaldo Pereira. *Nos bastidores da obsessão*. Pelo Espírito Manoel Philomeno de Miranda. 13. ed. 3. imp. Brasília, DF: FEB, 2019. cap. 14 – *O Cristo consolador*.

22 KARDEC, Allan. *Revista Espírita*: jornal de estudos psicológicos. ano 2, n. 11, nov. 1859. Trad. Evandro Noleto Bezerra. 4. ed. 1. imp. Brasília, DF: FEB, 2019.

23 KARDEC, Allan. *Revista Espírita*: jornal de estudos psicológicos. ano 2, n. 11, nov. 1859. Trad. Evandro Noleto Bezerra. 4. ed. 1. imp. Brasília, DF: FEB, 2019.

24 KARDEC, Allan. *Revista Espírita*: jornal de estudos psicológicos. ano 2, n. 11, nov. 1859. Trad. Evandro Noleto Bezerra. 4. ed. 1. imp. Brasília, DF: FEB, 2019.

25 FRANCO, Divaldo Pereira. *Temas da vida e da morte*. Pelo Espírito Manoel Philomeno de Miranda. 7. ed. 3. imp. Brasília, DF: FEB, 2018. cap. *Obstáculos à mediunidade*

O LIVRO ESPÍRITA

Cada livro edificante é porta libertadora.

O livro espírita, entretanto, emancipa a alma nos fundamentos da vida.

O livro científico livra da incultura; o livro espírita livra da crueldade, para que os louros intelectuais não se desregrem na delinquência.

O livro filosófico livra do preconceito; o livro espírita livra da divagação delirante, a fim de que a elucidação não se converta em palavras inúteis.

O livro piedoso livra do desespero; o livro espírita livra da superstição, para que a fé não se abastarde em fanatismo.

O livro jurídico livra da injustiça; o livro espírita livra da parcialidade, a fim de que o direito não se faça instrumento da opressão.

O livro técnico livra da insipiência; o livro espírita livra da vaidade, para que a especialização não seja manejada em prejuízo dos outros.

O livro de agricultura livra do primitivismo; o livro espírita livra da ambição desvairada, a fim de que o trabalho da gleba não se envileça.

O livro de regras sociais livra da rudeza de trato; o livro espírita livra da irresponsabilidade que, muitas vezes, transfigura o lar em atormentado reduto de sofrimento.

O livro de consolo livra da aflição; o livro espírita livra do êxtase inerte, para que o reconforto não se acomode em preguiça.

O livro de informações livra do atraso; o livro espírita livra do tempo perdido, a fim de que a hora vazia não nos arraste à queda em dívidas escabrosas.

Amparemos o livro respeitável, que é luz de hoje; no entanto, auxiliemos e divulguemos, quanto nos seja possível, o livro espírita, que é luz de hoje, amanhã e sempre.

O livro nobre livra da ignorância, mas o livro espírita livra da ignorância e livra do mal.

Emmanuel[*]

---

[*] Página recebida pelo médium Francisco Cândido Xavier, em reunião pública da Comunhão Espírita Cristã, na noite de 25 de fevereiro de 1963, em Uberaba (MG), e transcrita em *Reformador*, abr. 1963, p. 9.

O EVANGELHO NO LAR

Quando o ensinamento do Mestre vibra entre quatro paredes de um templo doméstico, os pequeninos sacrifícios tecem a felicidade comum.*

Quando entendemos a importância do estudo do Evangelho de Jesus, como diretriz ao aprimoramento moral, compreendemos que o primeiro local para esse estudo e vivência de seus ensinos é o próprio lar.

É no reduto doméstico, assim como fazia Jesus, no lar que o acolhia, a casa de Pedro, que as primeiras lições do Evangelho devem ser lidas, sentidas e vivenciadas.

O espírita compreende que sua missão no mundo principia no reduto doméstico, em sua casa, por meio do estudo do Evangelho de Jesus no Lar.

Então, como fazer?

Converse com todos que residem com você sobre a importância desse estudo, para que, em família, possam compreender melhor os ensinamentos cristãos, a partir de um momento de união fraterna, que se desenvolverá de maneira harmônica e respeitosa. Explique que as reflexões conjuntas acerca do Evangelho permitirão manter o ambiente da casa espiritualmente saneado, por meio de sentimentos e pensamentos elevados, favorecendo a presença e a influência de Mensageiros do Bem; explique, também, que esse momento facilitará, em sua residência, a recepção do amparo espiritual, já que auxilia na manutenção de elevado padrão vibratório no ambiente e em cada um que ali vive.

Convide sua família, quem mora com você, para participar. Se mora sozinho, defina para você esse momento precioso de estudo e reflexões. Lembre-se de que, espiritualmente, sempre estamos acompanhados.

Escolha, na semana, um dia e horário em que todos possam estar presentes.

O tempo médio para a realização do Evangelho no Lar costuma ser de trinta minutos.

---

* XAVIER, Francisco Cândido. *Luz no lar*. Por Espíritos diversos. 12. ed. 7. imp. Brasília: FEB, 2018. Cap. 1.

As crianças são bem-vindas e, se houver visitantes em casa, eles também podem ser convidados a participar. Se não forem espíritas, apenas explique a eles a finalidade e importância daquele momento.

O seguinte roteiro pode ser utilizado como sugestão:

1. Preparação: leitura de mensagem breve, sem comentários;
2. Início: prece simples e espontânea;
3. Leitura: *O evangelho segundo o espiritismo* (um ou dois itens, por estudo, desde o prefácio);
4. Comentários: breves, com a participação dos presentes, evidenciando o ensino moral aplicado às situações do dia a dia;
5. Vibrações: pela fraternidade, paz e pelo equilíbrio entre os povos; pelos governantes; pela vivência do Evangelho de Jesus em todos os lares; pelo próprio lar...
6. Pedidos: por amigos, parentes, pessoas que estão necessitando de ajuda...
7. Encerramento: prece simples, sincera, agradecendo a Deus, a Jesus, aos amigos espirituais.

As seguintes obras podem ser utilizadas nesse momento tão especial:

- *O evangelho segundo o espiritismo*, como obra básica;
- *Caminho, verdade e vida*; *Pão nosso*; *Vinha de luz*; *Fonte viva*; *Agenda cristã*.

Esse momento no lar não se trata de reunião mediúnica e, portanto, qualquer ideia advinda pela via da intuição deve permanecer como comentário geral, a ser dito de maneira simples, no momento oportuno.

No estudo do Evangelho de Jesus no Lar, a fé e a perseverança são diretrizes ao aprimoramento moral de todos os envolvidos.

FEB editora
Livro espírita para um novo mundo
www.febeditora.com.br
@febeditoraoficial
@febeditora

Conselho Editorial:
Jorge Godinho Barreto Nery – Presidente
Geraldo Campetti Sobrinho – Coord. Editorial
Cirne Ferreira de Araújo
Evandro Noleto Bezerra
Maria de Lourdes Pereira de Oliveira
Marta Antunes de Oliveira de Moura
Miriam Lúcia Herrera Masotti Dusi

Produção Editorial:
Elizabete de Jesus Moreira

Revisão:
Jorge Leite de Oliveira
Manoel Craveiro
Mônica Santos

Capa, Projeto Gráfico e Diagramação:
Rones José Silvano de Lima – instagram.com/bookebooks_designer

Normalização Técnica:
Biblioteca de Obras Raras e Documentos Patrimoniais do Livro

Esta edição foi impressa pela Viena Gráfica e Editora Ltda., Santa Cruz do Rio Pardo, SP, com tiragem de 2,5 mil exemplares, em formato fechado de 155x230 mm e com mancha de 124x204 mm. Os papéis utilizados foram o Off white bulk 58 g/m² para o miolo e o Cartão 250 g/m² para a capa. O texto principal foi composto em Minion Pro 12/15 e os títulos em Zurich Lt BT Light 22/26,4. Impresso no Brasil. *Presita en Brazilo.*